雅安市红色旅游指南

中共雅安市委党史研究室
雅安市地方志编纂中心　编

四川科学技术出版社
·成都·

图书在版编目（CIP）数据

雅安市红色旅游指南／中共雅安市委党史研究室，雅安市地方志编纂中心 编. —成都：四川科学技术出版社,2021.7

ISBN 978 - 7 - 5727 - 0175 - 7

Ⅰ.①雅… Ⅱ.①中… Ⅲ.①革命纪念地 - 旅游指南 - 雅安 Ⅳ.①K928.971.3

中国版本图书馆 CIP 数据核字（2021）第 139707 号

雅安市红色旅游指南

YA'AN SHI HONGSE LÜYOU ZHINAN

出 品 人	程佳月
编 者	中共雅安市委党史研究室　雅安市地方志编纂中心
责任编辑	谢　伟
特约编辑	陈　婷
封面设计	成都未来人图文设计有限公司
责任出版	欧晓春
出版发行	四川科学技术出版社
	成都市槐树街 2 号　邮政编码 610031
	官方微博:http://e.weibo.com/sckjcbs
	官方微信公众号:sckjcbs
	传真:028 - 87734035
成品尺寸	170mm × 240mm
	印张 23.25　字数 465 千
印　　刷	成都市标点制版印务有限责任公司
版　　次	2021 年 7 月第一版
印　　次	2021 年 8 月第一次印刷
定　　价	105.00 元

ISBN 978 - 7 - 5727 - 0175 - 7

雅安市红色旅游路线

01 "强渡大渡河　翻越夹金山"四日游线路

安顺场—中国工农红军强渡大渡河纪念馆—川矿记忆园—花海果乡—月亮湾·金钟山—龙苍沟叠翠溪—胡长保烈士纪念馆—芦山县城旧址—红军长征翻越夹金山纪念馆—硗碛藏寨·神木垒—毛泽东朱德长征旧居—夹金山

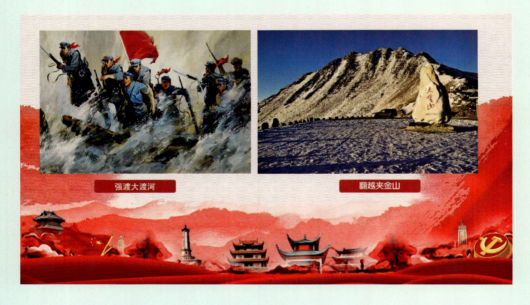

强渡大渡河　　　　　　翻越夹金山

中国工农红军强渡大渡河纪念馆

汉源红军广场

胡长保烈士纪念馆

毛泽东朱德长征旧居

国家AAAA级旅游景区——花海果乡

国家AAAA级旅游景区——龙苍沟叠翠溪

国家AAAA级旅游景区——飞仙关

国家AAAA级旅游景区——硗碛藏寨·神木垒

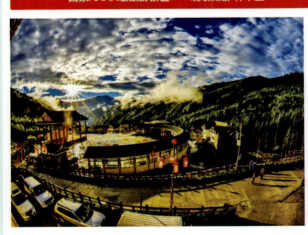

02

"激战百丈关　再上二郎山"三日游
线 路

百丈湖风景区—红军百丈关战役烈士纪念园—中国至美茶园绿道—蒙顶山—雅安烈士陵园—雅安西康博物馆—上里古镇—碧峰峡—天全红军村—二郎山·喇叭河—天全红军纪念馆—中国工农红军总司令部旧址—东汉石刻馆—龙门古镇—大川河

红军百丈关战役烈士纪念园

红军百丈关战役纪念馆

天全红军村

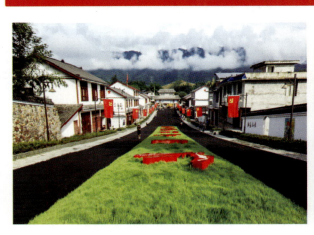

国家AAAAA级旅游景区——碧峰峡

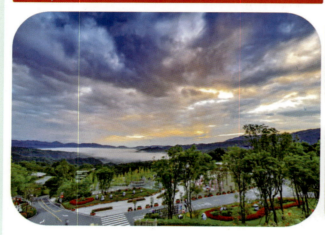

国家AAAA级旅游景区——蒙顶山

国家AAAA级旅游景区——二郎山·喇叭河

国家AAAA级旅游景区——大川河

03 "追寻革命精神" 三日游线路

蒙顶山—望鱼古镇—上里古镇—碧峰峡—飞仙关·南天新镇—
紫石关—二郎山·喇叭河—严道古城—花海果乡—川矿记忆园

名山茶园

中国至美茶园绿道

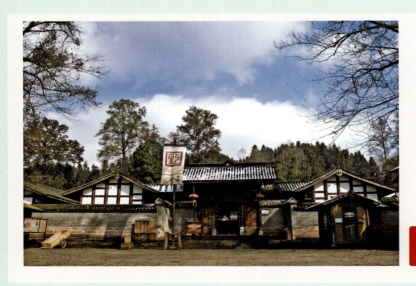

国家 AAAA 级
旅游景区——
上里古镇

望鱼古镇

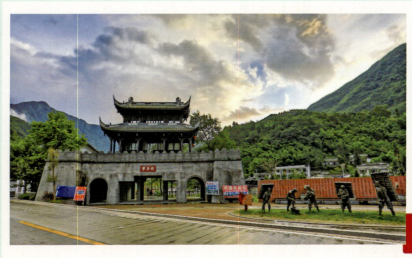

国家 AAA 级旅游景区——紫石关

雅西高速

国家AAA级旅游景区——川矿记忆园

04 "感恩奋进　绿美雅安"四日游线路

中国藏茶村—中国至美茶园绿道—汉姜古城—4·20芦山强烈
地震纪念馆—灵关石城—熊猫古城—蜂桶寨邓池沟—海棠村—紫
石关—三索窝

4·20芦山强烈地震
纪念馆

中国藏茶村

白伙新村

国家 AAA 级
旅游景区——
三索窝

国家 AAAA 级旅游景区——蜂桶寨邓池沟

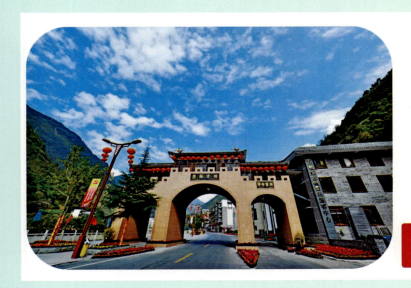

国家AAAA级旅游
景区——熊猫古城

05 "乡村振兴 美丽新村"四日游线路

红草坪—中里新村—飞仙关·南天新镇—禾茂新村—龙门古镇—雪山新村—戴维新村—发展村—古路村—蟹螺堡子—孟获村

国家 AAA 级旅游景区——红草坪

国家AAAA级旅游景区——龙门古镇

古路村

国家AAA级旅游景区——蟹螺堡子

孟获村

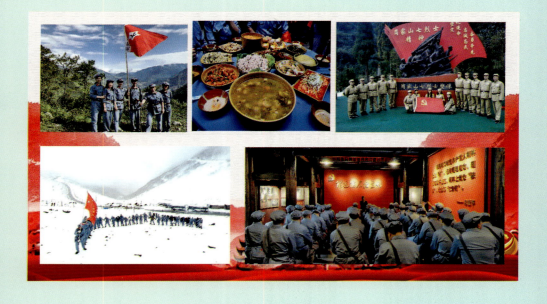

《雅安市红色旅游指南》

编委会

主　　任：卿　刚

成　　员：魏　涛　　　师　伟　　　蓝志斌　　　王　华

　　　　　陈　芬　　　王登惠　　　王泽宏　　　骆志勇

　　　　　朱樊刚　　　高学芳　　　罗继莉　　　刘　洪

　　　　　万海博　　　秦晓伟　　　刘照辉　　　熊　伟

　　　　　鲁建国

编辑室

主　　编：魏　涛　　　师　伟

副 主 编：蓝志斌　　　王　华

执行编辑：黄　焱　　　陈　怡

校　　对：郑永进　　　张　健　　　曾　艳

　　　　　胡　蓉　　　王　攀　　　徐小虎

　　　　　周宁驰　　　刘　洋　　　谯　艳

　　　　　叶　静

雅安市情概况

自然地理

雅安市位于四川省中部、四川盆地西缘，介于北纬 28°51′~30°55′，东经 101°55′~103°20′，东邻成都市、眉山市、乐山市，南接凉山彝族自治州，西界甘孜藏族自治州，北连阿坝藏族羌族自治州。全市面积 1.50 万平方千米，素有"川西咽喉""西藏门户""民族走廊"之称。

雅安地处四川盆地到青藏高原的过渡地带，地形地貌复杂多样，山地占总面积的 94%，平坝占 6%。境内有夹金山、二郎山、大相岭、青衣江、大渡河、周公河等山脉河流。属亚热带季风性山地气候，气温垂直变化显著，以大相岭为界，南部气候干燥，北部气候温润，四季分明，冬无严寒，夏无酷暑，气候温和。

建置沿革

雅安历史悠久，境内有人类活动可追溯到旧石器时代晚期。

夏属梁州之域。商并梁于雍，为氐羌地。周以梁合雍，地为蜀国。

战国时期，在秦惠文王更元九年（公元前 316 年），秦灭蜀，开青衣道，置邮传。战国后期，秦灭楚，迁楚遗族严道入蜀，立严道县（治所今荥经县）。隶属蜀郡，这是境内最早的建置。

西汉武帝元鼎六年（公元前 111 年），改置沈黎郡（治所今汉源县），辖严道县（王莽时改名严治，今荥经、雅安等地）、青衣县（今芦山县）、徙县（今天全县始阳镇）、旄牛县（今汉源县九襄镇）等地。武帝天汉四年（公元前 97 年），撤销沈黎郡合并于蜀郡，设

1

置西部都尉府，一治旄牛，主管外羌（今汉源一带）；一治青衣，主管汉民（今雅安、芦山一带）。

东汉安帝延光元年（122年），改蜀郡西部都尉为蜀郡属国，辖县未变。灵帝中平六年（189年），改置汉嘉郡（治所今芦山县），领辖4县，并包括今甘孜州大部及凉山州一部分。晋初仍为汉嘉郡，成汉又分置沈黎郡。东晋穆帝永和三年（347年），桓温伐蜀灭成汉，改成汉所置汉原郡为晋原郡，汉嘉郡并入晋原郡。348年至552年间，政权荒废。

西魏废帝二年（553年）平蜀以后，始移民垦殖，设蒙山郡（治所今雨城区多营坪），领辖始阳（治所今雨城区多营坪）、蒙山（治所今名山区蒙阳镇）2县。北周武帝天和三年（568年），改蒙山郡分置黎州、沈黎郡。

隋文帝仁寿四年（604年），废郡置雅州。炀帝大业三年（607年），废雅州置临邛郡，领有芦山、名山、始阳（州治所）等县。

唐高祖武德元年（618年），推行州、县两级制，复雅州，领4县（芦山、名山、严道、百丈）。武德三年（620年），增置荥经县。玄宗开元三年（758年），复为雅州，领5县，即严道（今雨城区多营镇）、芦山、名山、百丈（今名山区百丈镇）、荥经。唐朝为了巩固其统治和对外扩充，设立黎州（洪源郡）都督府，辖汉源（今汉源县清溪镇）、飞越（今汉源县宜东镇）、阳山。在连年战争中，雅州、黎州成为重要的军事、交通要道，为了对边地民族招抚内附，设立50多个由少数民族首领管辖的"羁縻州"，以便对少数民族的治理。

五代后蜀元年（934年），于雅州增设永平军节度使和碉门安抚司。宋太祖乾德三年（965年）置雅州卢山郡、黎州，真宗咸平四年（1001年）隶益州路，仁宗嘉祐四年（1059年）隶成都府路。雅州卢山郡领：严道、名山、百丈、荥经、卢山，并领碉门寨、灵关寨，管有羁縻州。黎州领：汉源、通望，管有羁縻州。

元宪宗八年（1258年），雅州属嘉定府，并增置天全招讨司（今天全县城厢镇和始阳镇），统属于陕西行省吐番本部宣慰司管辖。明代地方政权实行府、州、县3级制。雅州辖芦山、名山、荥经。州治在今雨城区。

清初仍为雅州，雍正七年（1729年）升州为府，置地雅安县，改黎大所为清溪县，废天全六番招讨司，置天全州、打箭炉厅。雅州府辖雅安、芦山、荥经、名山、清溪、打箭炉厅、天全州。雅州府是雅安历史上辖境最广阔的时期。在此期间，清廷正式收缴了天全高、杨二土司印信封号，实行改土归流，结束了800余年的土司统治。

民国2年（1913年），废府、州、厅，设道、县，隶上川南道。民国3年（1914年），改上川南道为建昌道，隶四川省。民国24年（1935年），设四川省第17行政督察区，治设雅安县，辖雅安、名山、荥经、汉源、天全、芦山、宝兴、金汤设治局（今康定县和新台、三合、棒塔、金汤乡）。民国28年（1939年），西康建省，四川省第17行政督察区改设为西康省第2行政督察区（简称雅属）。

1950年2月，雅安解放。设雅安专区，雅安为西康省省会。1951年改称雅安专署，并以汉源、越西、冕宁各一部分新建石棉县。1955年撤销西康省，雅安专署并入四川省，并将名山县和泸定县划属本区，次年（1956年）将泸定县划归甘孜州辖。1981年改称雅安地区。2000年12月，撤销雅安地区，设立地级雅安市，改县级雅安市为雅安市雨城区。2012年11月，撤销名山县，设立名山区。

雅安市辖雨城区、名山区和天全县、芦山县、宝兴县、荥经县、汉源县、石棉县。2020年末常住人口143.46万人。

自然资源

雅安是长江上游重要水源涵养区和重要生态屏障的组成部分，自然资源丰富，生态环境优良，被誉为"天府之肺""动植物基因库"。雅安是全国生态气候城市、国家级生态示范区、全国生态文明先行示范区、国家退耕还林和天然林保护示范区。

2020年，雅安市森林面积103.38万公顷，森林覆盖率达67.38%，居四川省第一；全年有效监测天数内环境空气质量总体达标天数为319天，青衣江流域和大渡河流域所有国控断面年均值达标率均为100%。全市有蜂桶寨、栗子坪、贡嘎山（石棉部分）、喇叭河、大相

岭、羊子岭等 6 个森林和野生动物类型自然保护区，面积 18.15 万公顷；有周公河、天全河、宝兴河等 3 个珍稀鱼类自然保护区，面积 7 500 公顷。雅安是全国大熊猫栖息地面积最大的地级市，40.8% 的面积被纳入大熊猫国家公园范围。全市分布陆生野生动物 700 种，包括大熊猫、金丝猴、雪豹等国家一级重点保护动物 19 种，国家二级重点保护动物 73 种；分布植物约 185 科 869 属 3 000 多种，国家重点保护野生植物 28 科 48 种，包括珙桐等国家一级保护植物 10 种，二级保护植物 38 种。

雅安降雨丰沛，河流密布，流域面积在 30 平方千米以上有 131 条，水力资源得天独厚，集中分布在青衣江和大渡河流域，其中大渡河是全国规划的十大水电能源基地之一。全市水能资源理论蕴藏量 1 601.29 万千瓦，装机 1 322.33 万千瓦，约占全国水电可开发总量的 1/40。其中具有代表性的有瀑布沟电站、大岗山电站、龙头石电站等。2018 年，雅安被定为全省水电消纳示范区。境内探明储量的矿藏有煤、铁、铜、铅、锌等 48 种，已开发 29 种，是全省五大矿产资源富集区之一，其中碲铋矿是世界上有报道的唯一独立原生矿床，被称为"第二国宝"。

旅游资源

雅安旅游资源丰富，是中国优秀旅游城市、全国休闲农业与乡村旅游示范市、全国森林旅游示范市、国家生态文化旅游融合发展试验区，文旅融合和康养产业发展势头良好。

全市建有碧峰峡国家 AAAAA 级旅游景区 1 个，蒙顶山、上里古镇、东拉山大峡谷、安顺场、熊猫古城、金凤山、云峰山、硗碛藏寨·神木垒、周公山、花海果乡、喇叭河、龙门古镇、飞仙关、蜂桶寨邓池沟、灵关石城、汉姜古城、空石林等 21 个国家 AAAA 级旅游景区，蟹螺堡子、牛碾坪、紫石关等 14 个国家 AAA 级旅游景区，以及雪山新村、汉源体育公园 2 个国家 AA 级旅游景区。推出有大熊猫文化探秘之旅、茶文化寻根之旅、G5 阳光康养之旅、最美 G318 自然生态之旅、民族民俗文化风情之旅、汉文化之旅、红色文化之旅、美丽乡村之旅、春赏花之旅、品春茶之旅、夏避暑之旅、秋品

果之旅、秋观红叶之旅、冬赏雪之旅等 14 条精品旅游线路。

历史文化

　　雅安历史文化底蕴深厚、绚丽璀璨、源远流长。汉文化、茶文化、大熊猫文化、红色文化、少数民族文化影响深远。历史上，境内发生过大禹治水、邓通造钱、雅州造船、僚人叛乱、石达开兵败大渡河、保路运动、中国工农红军强渡大渡河、翻越夹金山、百丈关战役、雅属事件等重大事件，出现了樊敏、高颐、雷简夫、曹光实、何崇政、吴之英、乐以琴、周文、程子健等有影响的人物。

★汉文化

　　雅安是汉代文化的荟萃地，遗存有大量的汉阙、汉碑、汉隶书、汉神兽、汉石棺、汉浮雕等。这些汉代文物，以其精湛的雕刻艺术和文化内涵，充分展现了汉代建筑的端庄秀美，集中体现了汉代尤其是东汉时期青衣江流域高度发达的农业文明。

　　最具影响和代表性的有雅安高颐阙、芦山樊敏阙及石刻、荥经何君尊楗阁碑，堪称汉代遗存的精华，被专家誉为"汉魂""汉艺精粹"。

　　高颐阙及石刻建于东汉献帝建安十四年（209 年），是我国现存最大、最完整的汉阙，它不仅是汉代建筑的标本，还是一座集美术雕刻、历史文化、书法绘画为一体的重要文物，是研究汉代官职、艺术、宗教、社会生活重要的实物史料，是雅安历史文化最重要的一个代表符号。

　　何君尊楗阁碑是南方丝绸之路上的重要遗迹，有"开道、治边、边略"的政治意义，为研究南方丝绸之路提供了非常难得的考古资料，对研究古代政治、军事、贸易等方面有重要作用。

　　芦山县是我国汉代大型石兽最为集中之地，遗存的大型圆雕石兽有 12 具，而全国目前仅存 20 余具，被郭沫若称为"汉代文物之乡"。

★茶文化

　　雅安是我国历史上文字记载人工种植茶叶最早的地方，被称为

"世界茶之源"。西汉甘露年间（公元前53年—公元前50年），名山人吴理真在蒙顶山种植茶树，开创人工种茶的先河，后被誉为"世界植茶始祖"。宋代时期，吴理真被尊为甘露禅师。唐玄宗天宝元年（742年），蒙顶山茶被列为贡品，入贡皇室。后历经宋、元、明绵延至清末。

2019年，雅安市茶叶产量10.15万吨，茶叶产值41.16亿元，综合产值180亿元。全市100万亩（1亩≈666.67平方米）茶园均实现无公害整体认证，茶树良种化率超过90%，绿色茶园认证面积达到80%。建成绿色食品原料标准化生产基地6个，有机农业示范基地3个，名列全省第一。全市茶叶绿色食品企业达20家，名列全省第一。2019年中国茶叶区域公用品牌价值评估中，"蒙顶山茶"品牌评估价值达33.65亿元，持续名列中国茶叶区域公用品牌价值10强前8位，位居四川茶叶区域公用品牌第1，品牌强度排名全国第3。目前，雅安拥有全国唯一的茶叶专业交易所——蒙顶山茶叶交易所；全国唯一的国家茶叶公园——蒙顶山国家茶叶公园；西南地区唯一的茶检中心——国家茶叶质量监督检验中心（四川）；也是全国最大的国家级无性系茶树良种繁育基地。

雅安是全国历史最久、产量最大的藏茶生产基地。雅安藏茶贸易始自东汉，距今已有1 300多年的历史。以雅安起，经康定到达拉萨，最后通往不丹、尼泊尔和印度，形成绵延近4 000千米的川藏茶马古道，搭建起连接内地与藏族地区的经贸走廊、文化走廊。2008年1月，雅安被授予"中国藏茶之乡"称号；6月，雅安藏茶制作技艺被列入第二批国家级非物质文化遗产名录，是迄今四川省唯一的茶叶国家级"非遗"。2019年，"雅安藏茶"品牌评估价值达18.61亿元，位列四川黑茶第1，品牌强度全国第6，进入中国黑茶第一方阵。

雅安是茶文化的最早发源地之一。雅安茶文化包括祭祀文化、茶祖文化、贡茶文化、茶马文化和禅茶文化等。在我国历史上，不少帝王与蒙顶山茶结下了不解之缘。清乾隆皇帝曾作《烹雪叠旧作韵》一诗，以表达对蒙顶山茶的由衷褒奖。历代文人学士，诸如唐代孟郊、刘禹锡、白居易，宋代文彦博、文同、苏轼、孙渐、陆游，元代李德载，明代叶桂章，清代曹抡彬、闵钧、骆成骧、吴之英等

都写有赞颂蒙顶山茶的诗词歌赋。"琴里知闻惟渌水，茶中故旧是蒙山""蜀土茶称圣，蒙山味独珍""扬子江心水，蒙山顶上茶""何人解饮九霄露，试汲蒙泉煮蒙茶"等脍炙人口的佳句佳联，至今仍广为流传。

2004年9月，在第八届国际茶文化研讨会暨首届蒙顶山国际茶文化旅游节上发表了《世界茶文化蒙顶山宣言》，确立了蒙顶山世界茶文化发源地、世界茶文化圣山的地位。2017年3月，首届蒙顶山国际禅茶大会寻根峰会通过了《中国蒙顶山国际禅茶大会宣言》，确立蒙顶山为世界禅茶文明发祥地。目前，雅安茶文化以蒙顶山文化、藏茶文化、生态茶园为三大资源要素，以蒙顶山景区和万亩生态观光茶园为两大旅游项目，开启了一段独特的茶文化之旅。

★ 大熊猫文化

大熊猫在地球上已生存至少800万年，被誉为"活化石""中国国宝"。1869年5月，法国博物学家阿尔芒·戴维神父在雅安宝兴县邓池沟天主教堂附近科学考察时，将捕捉到的一只大熊猫以其皮制作成标本，送到法国国家自然历史博物馆展出。从此，匿居荒野的大猫熊进入了人类文明的视野。

雅安是世界上第一只大熊猫的科学发现地、命名地和模式标本产地。境内由北向南分布邛崃山系至大小相岭大熊猫栖息地。根据第四次全国大熊猫调查，四川省大熊猫局域种群共划分为22个，其中雅安市境内涉及7个。2006年纳入联合国世界遗产名录的四川大熊猫栖息地52%在雅安，全市划入大熊猫国家公园面积约占整个大熊猫国家公园面积（含四川、陕西、甘肃）的22%。现已建成四川石棉县栗子坪自然保护区和四川大相岭大熊猫野化放归基地。目前，全市共分布野生大熊猫340只，占全国野生大熊猫总数的18.2%。中华人民共和国成立以来，累计输出136只大熊猫参与国内国际交流与科研合作，其中有18只以和平友好使者的身份安居异国他乡，成为中国对外友谊的重要见证。

雅安正以"天府之肺 熊猫故乡"为城市名片，扩大对外开放，主动服务国家总体外交，"熊猫灯会·点亮全球走进俄罗斯"入选文化和旅游部2019年"一带一路"文化产业和旅游产业国际合作重点

项目。围绕打造以大熊猫保护研究、科普教育及旅游休闲度假于一体的碧峰峡国家 AAAAA 级旅游景区等 30 余个大熊猫文化旅游景区景点，建设"碧峰峡—上里古镇—蒙顶山""熊猫古城—邓池沟—蜂桶寨自然保护区"等文旅融合精品景观带，推出大熊猫溯源科普之旅、大熊猫探秘之旅、大熊猫放归之旅等"大熊猫+"生态文化旅游精品路线，进一步打响大熊猫文化品牌。

★红色文化

雅安是一片红色热土，是四川省重要的革命老区之一。

1919 年五四运动后，在新思想新风气的影响下，荥经县的程子健，雅安县的刘仁信，汉源县的曹际霄、陈廷玺等热血青年，远涉重洋赴法国勤工俭学，寻求救国救民的真理。

随着马克思主义的广泛传播和中共党、团组织在四川的建立和发展，上川南道立师范学校进步学生、校学生会主席黄爱智经黄里洲介绍，于 1926 年下半年加入中国共产主义青年团，成为雅安第一个共青团员。

1927 年夏，中共党员、川军二十四军七旅十团军医杨仲康随部进驻雅安。根据四川党组织的指示，杨仲康先后培养发展黄爱智、黄煜等一批进步学生为中共党员。1928 年夏，经中共川西特委批准，成立中共雅安特支，这是中国共产党在雅安建立的第一个党组织。从此，雅安人民有了领导革命事业的核心力量。

1928 年秋，中共雅安特支带领上川南道立师范学校进步学生，奔赴雅安近郊农村，开办平民学校，对农民进行阶级教育，到 1929 年初，已有数百人加入农会。在全国和四川各地农民暴动的鼓舞下，1929 年 2 月，中共雅安特支领导雅安郊区农民进行武装暴动，但遭到国民党反动军队的血腥镇压，起义失败。

1932 年，中共党员、川军二十四军军部参谋杨子清（又名杨虚谷）随部驻防雅安，在与中共党员、川军二十四军经理处主任、上校科长刘嵩申，中共党员、川军二十四军特务书记王哲生取得联系后，于 1933 年建立中共党支部，并先后在二十四军中和地方发展了多名共产党员。

1934年10月，由于第五次反"围剿"的失败，中央红军（红一方面军）被迫撤离中央革命根据地，实行战略转移，开始了著名的长征。1935年5月至6月，毛泽东、周恩来、朱德等中央领导随中央红军长征途经雅安，英勇的红军指战员佯攻大树堡、强渡大渡河、勇夺飞越岭、夜宿泡桐岗、夹击天全城、奇袭芦山城、翻越夹金山，谱写出一曲曲可歌可泣的英雄赞歌。

1935年10月至1936年2月，红四方面军从阿坝翻越夹金山南下雅安，克宝兴、夺芦山、占天全、取雅安，继而挥师东进，鏖战百丈关，剑指省府成都。

红四方面军在雅安期间，积极开展建党建政和创建革命根据地工作。先后建立以红军干部为主体的中共四川省委及县委6个、区委20个，成立四川省苏维埃政府及县苏维埃政府6个、区苏维埃政府20个、乡苏维埃政府78个、村苏维埃政府324个。在省委、省苏维埃政府的领导下，广泛进行革命宣传，镇压地方反动势力，组织发动贫苦群众打土豪、分田地，巩固新生的苏维埃政权和苏区根据地。雅安各地群众衷心拥护共产党的政策和主张，踊跃报名参军，积极筹集粮食、食物和生活用品，支援红军前线作战，为红军长征胜利做出了重要贡献。

抗日战争全面爆发后，中共雅安地方党组织根据上级党组织的要求，积极开展对刘文辉等上层人物的统战工作，争取团结一致对外抗日。1942年7月，受周恩来的直接指派，王少春等3名中共党员携带电台来到雅安，帮助刘文辉建立与延安的直接联系。秘密电台不辱使命，一直坚持到1949年12月刘文辉率部起义，为党促使西康和平解放起到重要的桥梁作用。

无数革命先烈用鲜血浸染了雅安这片红色土地，同时也给我们留下了弥足珍贵的红色文化财富。2010年，雅安市8个县（区）被四川省人民政府认定为革命老区。据2019年革命遗址普查统计，全市共有红色遗址（新民主主义革命时期）250个，其中重要历史事件和重要机构旧址94个，重要历史事件及人物活动纪念地106个，革命领导人旧居11个，烈士墓15处，纪念设施24个；列入国家级文物保护单位9个、省级文物保护单15个、市级文物保护单位3个、县

级文物保护单位 24 个；命名为国家级爱国主义教育基地 6 个、省级爱国主义教育基地 6 个、市级爱国主义教育基地 11 个、县级爱国主义教育基地 3 个；命名为省级党史教育基地 2 个，市级党史教育基地 8 个。

★少数民族文化

雅安处于藏、羌、彝少数民族的交会地，与阿坝藏族羌族自治州、甘孜藏族自治州、凉山彝族自治州接壤，是一个多民族聚居地，历来有"民族走廊"之称。境内有以彝族、藏族为主的 39 个少数民族，少数民族总人口近 8 万人，占全市总人口 5.2% 左右。全市现有 18 个民族乡，石棉县、汉源县、宝兴县、荥经县享受少数民族县待遇。

智慧、勤劳、勇敢的少数民族创造了绚丽多姿的民族文化，最具代表性的有宝兴硗碛嘉绒藏族文化、石棉尔苏木雅藏族文化。有彝族火把节、尔苏藏族环山鸡节、木雅藏族晒佛节、嘉绒藏族上九节等许多独具特色的民族风情活动。风格独特、气势恢弘的硗碛原生态多声部民歌更是我国多声部音乐的重要组成部分，被列入第一批国家级非物质文化遗产名录。

经济社会发展

雅安是成都平原经济区的重要成员，是连接攀西经济区、川西北生态示范区的关键节点，是国家智慧城市、中国十佳魅力城市、四川省卫生城市、四川省园林城市，被定为第四批公立医院改革国家联系试点城市、国家级医养结合试点单位、第三批公立医院综合改革省级试点城市、全国绿色（有机）示范区、全省绿色发展示范市、2017 年度全省脱贫攻坚先进市。

党的十八大以来，雅安市坚持以习近平新时代中国特色社会主义思想为指导，深入贯彻党的十八大、十九大精神和习近平总书记对四川工作、雅安发展系列重要指示精神，紧扣省委治蜀兴川决策部署，全面落实市委"1485"总体发展思路，加快推进绿

色发展示范市建设。2019 年，全市建有四川雅安经济开发区、成都—雅安工业园区、宝兴汉白玉特色产业园区等 8 个工业园区，涉及信息、能源、汽车、医药、食品、化工、纺织、造纸、制鞋、金属冶炼等现代工业。有雅安国家农业科技园区、蒙顶山国家茶叶公园等 9 个现代农业园区。建有茶产业、果蔬、果药 3 条百公里百万亩乡村振兴产业带，覆盖全市 8 个县（区）78 个乡（镇），辐射带动全市 90% 以上的农村和农民发展产业，建成 487.8 万亩特色产业基地。

2020 年，全年实现地区生产总值（GDP）754.59 亿元，按可比价格计算，比上年增长 4.4%。三次产业结构调整为 20.1:29.9:50.0。全年城镇居民人均可支配收入 37 191 元，增长 6.1%。其中，工资性收入 20 451 元，上涨 4.9%。城镇居民人均生活消费支出 21 773 元，上涨 3.1%。全年农村居民人均可支配收入 15 890 元，增长 8.9%。农村居民人均生活消费支出 13 212 元，增长 8.4%。年末全市基本养老保险覆盖人数 97.72 万人，基本医疗保险覆盖人数达到 149.48 万人，其中城镇职工基本医疗保险覆盖 27.31 万人，城乡居民基本医疗保险覆盖 122.17 万人，全市城乡居民医疗保险参保覆盖率稳定在 98% 以上。

城市荣誉

★ 国家级生态示范区

★ 中国生态气候城市

★ 全国生态文明先行示范区

★ 中国优秀旅游城市

★ 中国十佳魅力城市

★ 中国最佳红色文化体验旅游市

★ 中国最佳国际休闲旅游目的地

★ 中国最美生态宜居城市

★ 全国森林旅游示范市

★ 全国休闲农业与乡村旅游示范市

★ 国家生态文化旅游融合发展试验区

★ 中国康养城市 50 强

★ 中国藏茶之乡

★ 中国最具茶文化魅力城市

★ 中国茶都

★ 全国绿色（有机）农业示范区

★ 国家退耕还林和天然林保护示范区

★ 宽带中国示范城市

目　录

雨城区

红色旅游指南

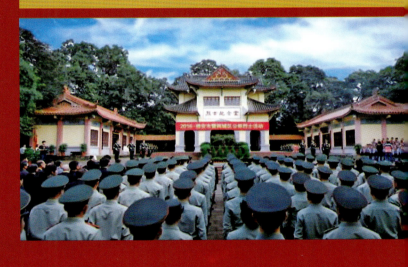

一、雨城区概况

区情概况

　　雨城区位于四川盆地西缘、青衣江上游，是成都平原向青藏高原的过渡地带，东北与名山区、邛崃市毗邻，东南与丹棱县、洪雅县接壤，西北与芦山县、天全县交界，西南与荥经县相邻。全区面积 1 067.31 平方千米。

　　雨城区是汉文化与少数民族文化的过渡区域，是古代南方丝

绸之路的重要驿道和川藏茶马古道的起始地，繁盛的茶马贸易成为汉、藏、羌等民族间政治、经济、文化交流的重要纽带。目前，成雅、雅西、雅乐、雅康高速公路，以及建设中的川藏铁路贯穿全境。

雨城区属亚热带湿润季风气候，气候温和，雨量充沛，年均雨日 218 天，降水量 1 732 毫米，是著名的"雨城"，素有"西蜀天漏"之称。境内植被茂盛，生态环境良好，竹林面积达 80 万亩，森林覆盖率达 71.94%，空气质量达国家一级标准，水质量达国家二级标准，是长江上游重要的生态屏障。

雨城区历史悠久，从城区沙溪遗址的发现可知，早在三千多年前的新石器时代，先民已在青衣江两岸繁衍生息。境内周公山因夏禹治水，名载经史。雨城稽古梁雍之地，实为青衣羌国，秦立严道县，西汉增置青衣县，东汉又建汉嘉郡，分合变迁，升降时有不同。西魏废帝二年（553 年）置始阳县，为雅安建县之始，为蒙山郡治所。隋置雅州。清雍正七年（1729 年），以雅安山名（亦称月心山，今苍坪山）置雅安县，并为雅州府治。清末和民国初，裁府留县。前隶

建昌道，后属四川省第 17 行政督察区。中华人民共和国成立初期，曾是西康省省会，现为雅安市人民政府所在地，是雅安市的政治、经济、文化中心。2020 年末常住人口 36.89 万人。

雨城区文化底蕴厚重，境内有全国重点文物保护单位 3 处，省级文物保护单位 14 处。其中，全国重点文物保护单位汉代高颐阙及石刻名贯古今、享誉中外。宋代"三苏"父子在此留有游踪，父子三人皆由此受荐进京入仕；黄庭坚、米芾书法真迹今存；明代杨升庵赋诗志胜；近代国画大师张大千在此创作《蜀西纪游书画册》，现珍藏于四川省博物院；徐悲鸿钟情境内山水，留下幅幅珍品；中国工农红军长征经此，曾建县、区、乡、村苏维埃政权，留有大量的遗址、石刻。以高颐阙为代表的汉代文化，以藏茶为代表的茶文化，以中里的雅安县苏维埃政府旧址为代表的红军文化，以上里古镇为代表的明清建筑和石雕木雕文化，以雅雨、雅鱼、雅女为代表的"三雅"文化，以"年猪节"为代表的民俗文化彰显境内文化魅力。

红色文化概况

1927 年，中国共产党组织工人、农民、学生运动，次年建立中共雨城特支，积极组织农会，宣传革命，抗粮抗捐。1935 年 11 月，红四方面军进驻雅安县（今雨城区），在北区（今中里）建立县苏维埃政府和革命法庭，开展打土豪、分田地，围攻县城。境内优秀儿女 672 人参加红军，400 余人为中国人民翻身解放事业捐躯献身。中共地下党组织经过长期工

作，1949年12月9日，策动原国民党西康省党政军人士通电起义。1950年2月1日，迎接中国人民解放军入城，雨城即日和平解放。

1935年11月，红军在雅安县的中里（今上里镇）建立了雅安县苏维埃政府后，迅速在"四乡八区"的多营、太平、上里、中里、下里五地建立了5个区苏维埃政府及大河、望鱼、沙坪、观化、紫石、八步、多营、太平、上里、中里、下里、对岩、七盘、河北、姚桥、凤鸣等乡苏维埃政府16个，村苏维埃政府90余个。

抗日战争时期，雅安县内的党组织和党员以雅安县城为中心，在中共川康特委的领导下，以各种职业为掩护，投身到抗日救亡运动之中去。党组织先行在西宁公司、大康公司、西康省立雅安中学成立党小组，后又组成中共雅安特支。1938年，雅安县城厢镇成立川康边民族剧团，剧团以民众团体组织为掩护，用文艺形式向民众揭露日本法西斯的罪行，歌颂抗日军民浴血奋战的英勇事迹，抨击国民党反动派妥协、投降的丑恶嘴脸。

解放战争时期，雅安县的党组织根据形势发展，动员和组织所领导的党员，配合上级党组织，多方面开展工作，用实际行动迎接雅安和平解放。中共中央通过派驻刘文辉处的代表王少春设立秘密电台，进一步推动川康地方实力派人物倒向人民一边。中共地下党组织在有条件的地方，组建地方游击队武装，同时和民主党派合作，对地方武装势力进行争取工作。

雨城区辖区内主要有中共雅安军事支部旧址、中共雅安县委机关旧址、红四方面军第三十军军部驻地旧址、红四方面军第三十军军医院旧址、下里区苏维埃政府机关遗址、多营区苏维埃政府机关遗址、观化乡苏维埃政府机关遗址、望鱼

乡红军宣讲地旧址、观音水战壕遗址、双山子战斗遗址、莲花山战斗遗址、高石梯战斗遗址、尖峰顶战斗遗址、蚂蟥岗战斗遗址、上里镇红军石刻标语群遗址、雅安县苏维埃政府机关旧址、上里区苏维埃政府机关遗址、中里区苏维埃政府机关旧址、雅安烈士陵园等红色旅游资源。雨城区依托南北两线旅游配套设施建设，在保护红色文物遗址，深度挖掘红色旅游资源的基础上，持续以弘扬社会主义核心价值观为主线发展红色旅游，积极开发爱国主义和革命传统教育、国情教育等研学旅游产品，推动文旅融合和全域旅游发展。

二、红色景点

上里镇红军石刻标语群遗址

上里镇位于雨城区市区以北 27 千米处，与名山区、芦山县、邛崃市相邻，为昔日南方丝绸之路从临邛古道进入雅安的重要驿站，曾是商贾云集之地，现仍保留着许多明清风貌的吊脚楼式建筑，充满古色古香的古镇韵味，也是当年红军长征经过的地方。

上里镇红军石刻标语，绝大部分集中在上里镇古场镇内。古镇二水环绕，背面靠山，面向田园，木屋为舍，形成"井"字结构的街道，地面石板铺就，茂林、古树装点着小镇民居。以二仙桥为代表的八座古石桥历史悠久、风格各异，既是古镇出入的通道，又成为一道独特的风景。

　　上里镇是雅安市境内尚存红军石刻标语最多的乡镇。当年，红军长征在此驻扎近半年，留下不少革命遗迹，古镇桥头、石径路旁几十条红军石刻标语仍历历在目。

　　上里镇有8处省级文物保护单位，早在1982年就被四川省命名为"省级文化名镇"。距上里古镇仅500米，有建于清道光十九年（1839年），清朝廷为褒扬韩氏姑媳节孝所建的双节孝石牌坊。石牌坊气势恢弘，雕工精细，是我国石刻艺术之精品，为省级文物保护单位。

　　紧邻双节孝石牌坊的是建于清道光四年（1824年），占地面积4 600平方米的大水湾韩家大院。韩家大院建有7个四合院，整个建筑采用穿斗式木结构，由青瓦屋面组成，院内门、窗等处共有千余幅保存较完好的木雕精品，多为镂空雕、木雕镶嵌，雕刻的内容以人物、故事为主，形象生动，惟妙惟肖，为省级文物保护单位、国家AAAA级旅游景区。

　　1935 年 6 月中旬，中国工农红军一、四方面军会师后，党中央决定，兵分左右两路北上。张国焘拒不执行这一决定，于 9 月中旬从阿坝擅自带领红四方面军（包括红一方面军的第五、第九军团）南下。红四方面军虽然是在张国焘错误的南下计划指挥下进入雨城区，但在这期间，广大红军指战员走遍了全区的山山水水，他们一边打仗，一边做群众工作，通过发动群众、组织群众、领导群众，建立了地方苏维埃政府和群众组织，开展了打土豪、分田地等一系列革命活动，在雨城区境内播下了革命的火种，留下了珍贵的革命遗迹，其中上里镇的红军石刻标语就是典型代表。红军在上里境内驻扎期间，为了广泛地发动、宣传、组织人民群众抗日救国，以"认真""德城""紫光""崇安"等政治部的名义在石碑、石坊、石壁、石柱、石桥、石坎等上面刻了许多宣传标语。至今仍保存较完好的有 43 条红军石刻标语，在上里镇场口上共有 10 余条标语，较集中地反映了当时红军在上里镇利用石刻标语宣传红军主张，发动群众，壮大革命声势，如"中国共产党十大政纲""万万火急，

蒋介石和日本订立密约要出卖全中国""打倒追捐逼款的刘文辉""共产党是穷人的政党""赤化全川""红军是穷人的军队、红军是北上抗日的主力军"等。红军不仅口号多，而且宣传对象分得很细，他们把对群众、对敌军宣传的标语分成：反对中央军的、发动群众斗争的、关于革命委员会的、关于红军主张的、动员群众加入红军拥护红军的、对川军士兵的、对中央军士兵的等 10 大类、93 条，发至全军宣传人员和地方工作人员，以便向不同对象开展宣传工作时有所遵循。宣传方式多样，把标语用黑、红油漆写在农户家院墙上，或写在路边、沟边、河边的大石头上，或张贴一些事先印好的布告、传单等。有时，还请木工刨平一些小木板，或砍些竹子做成竹片，在小木板或竹片上面写上标语，然后把这些标语一背篓一背篓地倒

在河里，顺水漂流，被人拾得，看了就会一传十、十传百。红军离开后，上里当地群众用石灰和泥土将部分石刻标语覆盖、保护起来，中华人民共和国成立后将覆盖物去掉，使这批珍贵的革命文物恢复原貌。

上里镇红军石刻标语群为四川省文物保护单位、雅安市中共党史教育基地。

三、红色遗址

仙人洞红四方面军第三十军军医院旧址

　　仙人洞红四方面军第三十军军医院旧址位于雨城区上里镇四家村1组。原址为穿斗式木结构四合院瓦房，占地面积1 000多平方米，现为农户住房，保存基本完好。

　　1935年11月9日，红四方面军中纵队第三十军第八十八师从芦山翻镇西山攻取雅安上里。红三十军军医院设在仙人洞杨联奴、杨元光等家，厨房设在杨元尉家。军医院院长徐期星、政委董洪柱、医务主任宋杰、总务处长郑国文、中医主任王子猷。军医院负责接治从名山战场送来的红军伤员。在距军医院北面百米处有一掩埋牺牲红军遗体的墓地。

雅安县苏维埃政府旧址

　　雅安县苏维埃政府旧址位于雨城区上里镇中里街 104 号。原址为穿斗式木结构四合院瓦房，面积约 600 平方米。1987 年，雅安市人民政府（今雨城区人民政府）将其确定为文物保护单位。2008 年，"5·12"汶川特大地震灾后重建时改建为中里镇（今上里镇）文化站，是雨城区纪念"5·12"汶川特大地震的实物陈列室之一。2020 年，被四川省人民政府确定为省级文物保护单位。

　　1935 年 12 月 15 日至 23 日，红四方面军第九军在雅安县中里乡园岗子杨子密家的四合院内召开了雅安县第一届苏维埃代表大会。参加会议的有姚桥、河北、多营、七盘、陇西、上里、中里、下里的区（乡）苏维埃干部和部分村苏维埃代表，大会讨论了扩大红军、巩固苏维埃政权、打土豪、分田地等议案。卢伦芝任县苏维埃政府主席，侯国民、彭埃光任副主席。大会期间，召开了第一次全县公审宣判大会，判处 8 名罪大恶极的恶霸土匪死刑。

望鱼乡红军宣讲地旧址

望鱼乡红军宣讲地旧址位于雨城区望鱼镇场望鱼村上街组。

1935 年 12 月，红四方面军第九军、第三十军、第三十一军、第三十二军分别攻占雅安县各乡村。红军在望鱼场口搭建起台子，召开群众大会，宣传革命道理，唤起民众的阶级觉悟，号召贫苦大众打土豪、分田地。随后，建立了乡苏维埃政府和村苏维埃政府，胡恒任乡苏维埃政府主席、饶必文任副主席。由于国民党中央军薛岳部围攻雅安县的红四方面军，红军被迫转移，途中在望鱼乡将军坡、土地垭与国民党中央军进行了一场激战。

原址保护基本完好。1990 年，望鱼乡人民政府在老街场口建立"红军会议旧址"石碑，以示纪念。

四、纪念场馆

雅安烈士陵园

　　雅安烈士陵园位于雨城区苍坪山麓东侧人民路与城后路交界处，占地面积 27 360 平方米，是 1955 年由西康省人民政府拨款，为纪念解放西康省而英勇牺牲的 661 名革命烈士而兴建。

园内古榕繁茂、桢楠翠绿、金桂飘香、松柏劲挺，分瞻仰区和休闲区。瞻仰区庄严肃穆，由墓区、纪念堂、陈列馆、纪念碑、纪念广场、综合展厅及通道等组成；休闲区幽静祥和，由荷花池、休闲广场组成。纪念碑高 17 米，碑上刻有"人民革命烈士纪念碑" 9 个大字；纪念堂陈列着 700 多件图文、实物等珍贵史料，记录了革命英烈们的战斗历程和不朽功勋。

1989 年被四川省人民政府公布为四川省烈士纪念建筑物重点保护单位，1995 年 1 月被民政部命名为首批全国爱国主义教育基地。2009 年 3 月 2 日，经民政部批准，4 月由四川省人民政府公布，为全国烈士纪念纪念建筑物重点保护单位。

雅安西康博物馆

　　雅安西康博物馆位于雨城区张家山路 10 号，第八批全国重点文物保护单位——私立明德初级中学校，是西康时期雅安的一所教会学校，曾培养了不少国家栋梁。其中最为著名的当数抗日战争时期在一次空战中击落四架日机的"飞将军"乐以琴，以及中华人民共和国成立后任西康省文教厅厅长的杨立之。

　　私立明德初级中学校是一处典型的中西合璧近代建筑，经培修扩建焕发新生，变身为雅安西康博物馆，于 2017 年正式对外开放。全馆以雨城印记和西康往事为主题，陈列了大量西康省时期遗存，展示着难得一见的雅安老照片，还有市区范围内出土的各个朝代的珍贵文物，着力再现雨城三千多年的历史人文，是雨城文化的标识。

五、主题故事

苍坪山下的秘密电台

1949年12月9日晚，雅安城区苍坪山下，一道"红色电波"从一个四合院内，划破长空，飞向北京，飞进中南海，向党中央报告了刘文辉等人起义的喜讯。发出这道"红色电波"的，是由周恩来直接领导的隐蔽战线的中共党员王少春。

按照周恩来与刘文辉之前的约定，1942年7月，王少春和秦惠芳、杨作爱带着使命来到雅安。经王少春与刘文辉商定，将一部电台秘密安置在川军二十四军的旧旅部——雅安城南苍坪山下一处年久失修、残垣断壁、四处透风漏雨的四合院里。刘文辉专门派出一个连常驻街对面的一家茶店，暗中进行保护。

秘密电台运行不久，就被国民党军统潜伏台发现了信号。国民党军统局副局长戴笠直接给军统雅安组组长徐伯威发电报，令他立即查明上报，同时派两名特务到雅安侦破。虽然国民党特务有了一些线索，但刘文辉对此事矢口否认。

特务们对秘密电台的调查一直从未间断过。有一次，王少春刚开门，有两个背猎枪的人凑上来借口讨水、要火，趁机搭话。王少春心想："这定是国民党狗特务探底来了！"于是，他开口便问："你们是来打猎的吗？背这种枪是来打野猪的吧？这个山上连野兔子也找不到一只！"说完就关上了门。苍坪山本来就不是打猎的地方，王少春这么一说，那两人失了先机，灰溜溜地走了。

没过几天，一个带着江浙口音的人（因两个特务上次听出小院主

人是江浙口音）前来敲门。王少春与其他两位同志开门走了出来，他们与那人的谈话老练、谨慎，未露出一点破绽。国民党特务虽然没有拿到证据，但是他们认定四合院肯定是共产党机关，决定向戴笠汇报。幸好有刘文辉的庇护，秘密电台总算躲过一劫。

1947 年 3 月中旬，中共中央决定暂时放弃延安。刘文辉对解放军能否取得胜利产生了疑虑，对王少春的态度也发生了变化。以前刘文辉派人送来的都是新电池，现在拿来的却是旧电池，导致电台信号十分微弱，无法顺畅地与中共中央南方局正常联系。王少春他们只能在旧电池的底部凿几个小洞灌入盐水，用这种土方法充电，勉强维持电台发报。刘文辉还撤走了保护秘密电台的警卫人员，停发了王少春等人的生活费。为了生活，王少春他们只好自己动手开荒种地、种菜，进行生产自救。

1949 年 12 月 9 日一个难忘的夜晚。王少春发出那条预示胜利的电报后，怀着喜悦的心情，走出那个他们待了 2 600 多个日日夜夜的四合院。近 8 年来，他们每天都待在阴暗潮湿的屋子，坚守在电台旁收报、发报。这时，他们如释重负，轻松地走在大街上，憧憬着西康和平解放的胜景……

雅安第一个共青团员——黄爱智

1926年秋的一天，天空中淅淅沥沥下着小雨。灰色将整个雅安县包围起来，不大的县城笼罩在一种难以言表的压抑中。这一天，对于很多农民和工人来说，不过是平常的一天，但却是雅安县上川南道立师范学校学生黄爱智不同寻常的一天。

这天，黄爱智放学后并没有急于回家，他行色匆匆地穿过街道，手里紧紧拽着一封信——他要去寄信。直到把信投进邮筒，黄爱智才长长地舒了一口气。

早在一个多月前，黄爱智在同学先大启的介绍下，与在成都的中国共产主义青年团团员黄里洲进行了书信联系。在书信中，两人亲切地交流了彼此的认识。黄里洲通过信函、书刊对黄爱智进行了马克思主义的启蒙教育和共青团知识的教育，并且推荐他申请加入共青团。黄爱智寄出的这封信正是他的入团申请书。

经团组织审查批准，吸收黄爱智为中国共产主义青年团团员，他成为雅安第一个共青团员。

当时，上川南道立师范学校的进步师生中有一批人，加入了校内国民党左派四川省党部。黄爱智在共青团组织的领导下，带领这批进步师生进行国民革命的宣传工作。

雅安城郊的观化、桃子坪、甘溪沟等有不少农民，受尽地主土豪剥削，生活极为贫苦，为了生计被迫到附近小煤窑背煤以维持生计。他们和运煤工人常常劳作一天挣不到钱，眼睁睁看着自己被剥削，却又无可奈何。

黄爱智与学校其他进步师生一起在城郊背煤工人中建立了工会组织，带领工人们齐呼"降低批价、取消大秤"的口号，在城郊与煤厂主和煤商展开了经济斗争。

1926 年，万县"九五"惨案发生后，四川各地相继爆发了大规模的示威游行活动，抗议英帝国主义的暴行。消息传来，上川南道立师范学校的进步师生沿途向市民宣讲"九五"惨案，揭露帝国主义侵华的罪行，积极宣传反帝、反封建的革命思想，为中共雅安党组织的建立奠定了广泛的群众基础。

六、景点链接

碧峰峡景区

　　碧峰峡景区位于雨城区北部 12 千米处，距成都 128 千米。景区占地面积约 20 平方千米，森林覆盖率达 90%以上，分为碧峰峡生态风景区、碧峰峡生态动物园。2020 年碧峰峡景区被评为国家 AAAAA 级旅游景区。它以其独特的"国家出资源，企业出资金开发、经营、管理"的经营模式，受到全国关注，被四川省旅游局视为向全球抛出的 100 个景区经营权的经典蓝本。

　　碧峰峡生态风景区集险、奇、秀、幽于一体，是由海拔 700～1 200 米 V 字形峡谷开发而成的左右岸相连可循环旅游景区。峡谷左岸长 7 000 米，右岸长 6 000 米，峡宽 30～70 米，峡壁相对高度 100～200 米，最高峰 1 971 米。景区有千层岩瀑布、女娲池、天龙凌

云、龙凤桥、十指补天峰、天衣有缝、碧峰寺、雅女园、摩梭园等60多处景点。丰富的植被，幽深的峡谷，多样的瀑布、深潭、溪流等水景是风景区的鲜明特色。

碧峰峡生态动物园紧邻生态风景区，总面积2 000亩，由猛兽车行观赏区和温驯动物步行观光区等组成，共放养各类野生动物200多种、1万多只，其中有国家一级保护动物30多种，二级保护动物50多种，极品珍稀动物4种，包括世界仅存有限的狮虎兽，白狮、白虎等。生态动物园设有鸟类、海狮、大象等多个动物表演场，每日为游客提供动物表演。生态动物园的猛兽车行观赏区在夜间对游客开放，由狼区、黑熊和棕熊区、东北虎和华南虎区所构成的森林观光部分及澳洲鸵鸟区、亚洲鹿区、非洲原野区所构成的峡谷观赏部分。

由国家林业局投资建设的"中国保护大熊猫研究中心雅安碧峰峡基地"于2003年9月在碧峰峡生态风景区建成并开园。现已成为大熊猫科研繁殖、野化训练与科普宣传、生态旅游融为一体的中国最大型半散放式大熊猫生态园，为碧峰峡旅游发展注入了新的活力。

周公山森林温泉旅游景区

周公山森林温泉旅游景区距雨城区约 9 千米，占地面积 7 平方千米，包括接待服务区、温泉度假区、森林生态观光体验区、南麓周易公园、温泉小镇共五大片区，其中温泉度假区的周公山温泉公园为其特色。

周公山温泉公园的温泉井是一口高温地热水井。中国地质科学院利用检测，推断该高温地热水井形成于 3 万年前，井深 3 475 米，出口水温 78~81℃，自喷日产水量 5 000 吨以上，其水量大、水温高、水质好、矿物质含量丰富，被专家称为"西蜀第一汤"。经地质、卫生部门检测，有 8 种矿物质及微量元素同时达到国际矿泉水命名标准，1 种达到矿泉水浓度标准，其温泉水中含有的矿物质成分之丰富实为罕见，有较高的医疗价值。

金凤山旅游景区

金凤山旅游景区位于雨城区市区东部青江街道，为国家 AAAA 级旅游景区，以金凤寺、高颐阙为主要景点。

金凤寺是川西著名寺院，佛教"禅、净、密"三宗合流圣地，前临羌水，后枕蒙山，雅安"古八景"之一，初名"石龙寺"，后名"莲花寺"，又因金凤山横亘十里，形似凤翥，而得名"金凤寺"。寺院始建于唐初，毁于元，重建于明，历代培修扩建成一堂五院八殿规模；明清川西庭院式古建筑中轴线布局，包缀清代园林，穿插历代高僧碑塔，庭院四坊合围、檐廊相通，园林因地制宜，景到顺机、自然天成。100 年前德国建筑师恩斯特·柏石曼用镜头记录下金凤寺的水榭亭台和松月禅师塔，照片收藏在《寻访西人眼中的晚清建筑（1906—1909）》。揽辉亭、月亮池被《中国寺庙园林环境》列为散点布局典范。明清和民国时期，这里是康藏地区活佛进出汉地途中的驻留地，现存唐卡及

神兽、转轮等象征"吉祥如意"的装饰物，是汉藏民族团结和睦的见证。20世纪40年代，刘芦隐、曾缄、程康创"三山诗社"于寺内。寺院建筑、雕塑、碑刻楹联、名家翰墨等物珍贵难得。2007年，被列为第七批省级文物保护单位。

高颐阙建造于东汉献帝建安十四年（209年），占地面积5 000平方米。墓、碑、道、阙、兽整体布局和谐，集建筑、雕刻、书法艺术于一体，展现了汉文化丰富内涵，是全国汉墓阙中保存最完整最精美的珍品。1961年，国务院列为全国重点文物保护单位。

高颐阙由红石英砂岩堆砌而成，分东西两阙，是一对扶壁式双阙，两阙相距13.6米。东阙主阙斗拱层以上和子阙失散，仅存阙身，阙上阴刻"汉故益州太守武阴令上计史举孝廉诸部从事高君字贯方"。西阙主、子两阙并立，保存完整。主阙13层，子阙7层，由基、身、楼、顶四部分组成。主阙从基到顶高6米、宽1.6米、厚0.9米，子阙高3.39米、宽1.12米、厚0.5米。阙身有蜀柱、额枋、斗拱棱角。其上砌石五层形成楼，四面浮雕历史故事和象征祥瑞的九尾狐、三足乌、朱雀等奇禽异兽，顶为单檐广殿式。阙上阴

刻"汉故益州太守阴平都尉武阳令北府丞举孝廉高君字贯光"。阙前整石凿刻高 1.57 米，形态生动雄健，或称"天禄""辟邪"石兽一对，还有汉故益州太守高君之颂碑一通，碑高 2.8 米，浮雕青龙与白虎，隶书"汉故益州太守高君之颂"两行十字。距高颐阙约 160 米的汉孝廉高公墓，坐北向南，宽 12.28 米、长 19 米，墓碑阴刻"汉孝廉高公墓"。

白马泉景区

白马泉景区位于雨城区上里镇东北 4 千米处，海拔 950 米，山势连绵、青山苍翠、森林茂密，是古代南方丝绸之路从临邛古道进入雅安的必经之地。1991 年，白马泉及石刻被批准为省级文物保护单位。

白马泉始建于唐贞观元年（627 年），宋乾道元年（1165 年）诏封泉池为"渊泽侯"，石砌泉池，长 3.7 米、宽 3.4 米、深 2.5 米，泉底巨石镌刻龙马浮雕和临水石刻"龙洞"二字。该泉四季恒温 14℃，泉涌潮期无定，或一日数潮，或数日不潮，泉涌时水盈满潭，潮息时清澈见底，潮起时呼呼有声，潮退时似马蹄着地"嘚嘚"有声，为虹吸地质现象所致，是全国独具特色的间隙泉，远近闻名，历代不衰。白马泉边有 1 尊明代圆雕香炉，高约 80 厘米，炉顶长约 35 厘米，正面刻有《西游记》故事。明弘治十八年（1505 年）立碑《雅州罗绳白马泉渊泽侯碑文》、嘉靖十四年（1535 年）立碑《大明按古重修白马灵泉梵刹碑记》。

白马泉旁边几十米开外，在一块突出地面的巨石上，有明代雕刻的观音菩萨塑像一座，造型古朴粗犷。塑像前，凿有"圣水"井一口，井口石龛雕刻精湛。该井水量四季不变，水质清澈透明，饮用甘甜可口。白马泉背面是山势陡峭、森林茂密、四季葱茏的鹅项顶山岭，在山岭茂林中，有逾百座历代高僧的舍利塔散布其间。

海子山高山湿地

　　海子山高山湿地是雅安最大的生态湿地，位于雨城区望鱼镇境内，海拔 1 300 多米，湿地面积超过 1 000 余亩。海子山高山湿地主要由三个互相毗邻的海子组成，因此而得名。三个海子分别被当地人称为"大海子""王海子"和"李海子"。海子山高山湿地也是一个难得的"生物宝库"，从原始的单细胞动物到珍贵的飞禽走兽，从藻类、蕨类植物到丰富的高等植物均有分布，还有省级珍稀鱼种雅鱼（隐鳞裂腹鱼），国家二级珍稀保护动物大鲵和白鹭、猴、麂子、野猪、豹猫等动物在此生活。

望鱼古镇

望鱼古镇建于明末清初，距今已四百余年，历史悠久，文化积淀深厚，为地方特色浓郁的川西古村落，建筑物均为古寸瓦顶木屋，呈一字排列。古镇滨周公河而建，主要建筑群建在一块巨石之上，因巨石形似一只猫望着河中的鱼，因此得名"望鱼"。

望鱼古镇是全国第二批中国传统村落，在昔日南方丝绸之路、川藏茶马古道进出成都的重要通道上，拥有独特地理优势，明末清初时逐渐在山水环绕间形成了颇具规模的商业集镇，成为附近山区地产资源的集中交易点。这里还是雅安著名特产"雅鱼"的原产地。

中国藏茶村

雨城区"中国藏茶村"属于灾后产业重建项目，位于国道318线的多营镇下坝村，由"综合观光游览区""健康艺术体验区""高端居住度假区"3个功能区组成，占地面积约3.5平方千米。

中国藏茶村核心区有"藏茶文化展示馆""世界茶种园"。"藏茶文化展示馆"以"熊猫家源、世界茶源"为主题，采用传统与现代结合的手段，运用多媒体技术全方位展示雅安的藏茶历史与文化演绎。"世界茶种园"为现代农业休闲观光区，由四川农业大学与雨城区合作建设，规划面积1 000亩。其中核心区100余亩，集中展示国内外各类优良茶树品种105个。

中里新村

中里新村是由绵阳市对口援建的灾后重建新村、国家 AAA 级旅游景区，位于雨城区上里镇中里村，地处"上里·碧峰峡"生态文化旅游融合发展示范先行区腹地，距离中心城区 15 千米，占地面积 305 亩，安置农户 194 户、613 人。

中里新村按照"一心、两轴、四组团"布局设计，原汁原味地再现明清时期川西院落的民居风格，与穿镇而过的陇西河相映成趣，宛如一幅现实版的"清明上河图"。新村引进了四川助老之家健康产业有限公司及天域生态（主板上市企业），打造集"康养""医养""旅养""农养""花海""民宿"于一体的综合性康养基地。

余家村

余家村距雨城区市区 2.5 千米，幅员 4.1 平方千米，全村共有 4 个村民小组、348 户、1 075 人，由成都市对口援建，是雨城区探索生态文化旅游融合发展实践的重要节点，属"南部人文生态经典聚落"的精品组团，把望山见水的自然生态、归园田居的村落形态、多元并济的地域文态和农旅融合的现代业态作为基本元素，形成了雨城区新增的一颗璀璨明珠。

余家村为让市民走进乡村、走进大自然，体验安静悠闲的农家生活，开发了集锻炼、体验、学习为一体的开心农场项目，现已开发建设蓝莓基地和草莓基地 214 亩和 50 亩。余家村先后获得"四川省绿化示范村""首批雅安市社科普及示范基地""省级环境优美示范村""省级四好村""省级文明村"等荣誉称号。

七、旅游线路

（一）红色旅游线路

上里古镇—上里镇红军石刻标语群遗址—红四方面军第三十军军医院旧址—雅安县苏维埃政府旧址—雅安烈士陵园—望鱼乡红军宣讲地旧址

（二）旅游线路建议

碧峰峡一日游

成都→碧峰峡景区，游后到雨城区市区吃晚餐、休闲观夜景→晚上返回

上里古镇、碧峰峡二日游

成都→上里古镇→碧峰峡景区，次日游碧峰峡生态动物园→周公山森林温泉旅游景区后返回

五日旅游线路

D1：上里古镇—十里绿堤—东风新村—中里新村

D2：碧峰峡景区—峡口漂流

D3：中国藏茶村—金凤山旅游景区—凤鸣花药谷

D4：周公山森林温泉旅游景区

D5：高叠洞瀑布—海子山高山湿地

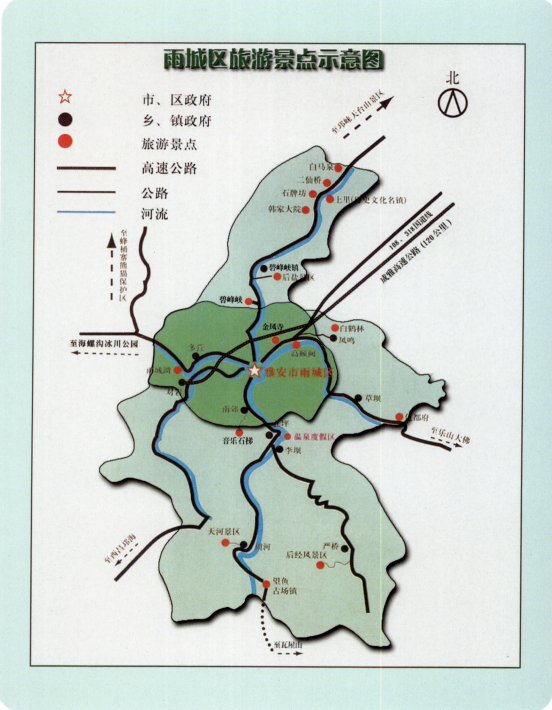

雨城区旅游景点示意图

北

市、区政府
乡、镇政府
旅游景点
高速公路
公路
河流

至邛崃天台山景区

白马泉
二仙桥
石牌坊
上里(历史文化名镇)
韩家大院

108、318国道线
成雅高速公路（120公里）

至峰桶寨熊猫保护区

碧峰峡镇
后盐井区

碧峰峡
金凤寺
白鹤林
凤鸣
多营
高颐阙
至海螺沟冰川公园
雨城湖
草坝
沙坪
严都府
南郊
至乐山大佛
音乐石梯
温泉度假区
李坝

天河景区
雨河
后经凤景区
严桥
至西昌邛海
望鱼
古场镇

至瓦屋山

八、美食特产

雅　鱼

雅鱼，为雅安周公河一种重要食用鱼，学名齐口腹裂鱼，又名嘉鱼，古称丙穴鱼。有肉多、刺少、质嫩的特点，为川中鱼鲜烹饪原料中之上乘者。唐代大诗人杜甫诗云"鱼知丙穴由来美，酒忆郫筒不用酤"盛赞雅鱼之美。

"砂锅雅鱼"为咸鲜味型，用于筵席常以"压台戏"最后出场。近年来，改为席头菜奉献食客。入席后砂锅内仍保持沸腾状，鲜香四溢，鱼嫩汤鲜，营养丰富，使食客对雨城的美食留恋终生，难以忘怀。

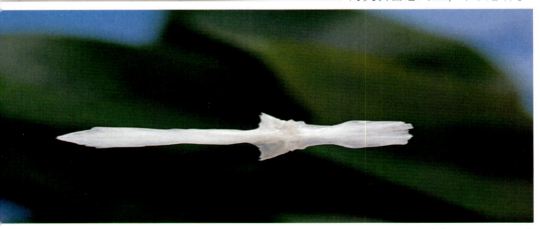

从鱼头处取出的雅鱼特有的"宝剑"状鱼骨

雅安藏茶

雨城区是"黑茶鼻祖""千年非遗"藏茶的发源地和川藏茶马古道的起始地。藏茶自古以来与藏民族以及我国西北部蒙古族、维吾尔族、回族、羌族等少数民族同胞的日常生活紧密相关，被誉为"民族团结、中国唯一"之茶，"雪域高原上的维生素"、藏族同胞的"生命之茶"。

雅安藏茶富含维生素、蛋白质、有机酸以及多种真菌类物质等有益的成分，能温胃、正气、解毒、解腻、促进消化、帮助睡眠，对抑制肥胖症、高血压、高血脂等高发病具有很高的实用价值。

雅安猕猴桃

雨城区独特的自然条件和特殊的种苗选育，使其种植的猕猴桃具有细嫩多汁、果体较大、清绿发亮、酸甜适度等特色。

狗屎糖

"狗屎糖"又叫豆香糖、麦芽糖，是川渝地区土特产之一，起源于雅安。糖纸还自带特别好玩的广告词"吃狗屎糖走狗屎运"。

关于"狗屎糖"名字的由来，在老百姓口中有两种说法。一种说法是此糖的形状、颜色极像狗屎，因而得名"狗屎糖"。另一种说法则是，在困难时期，货郎们挑货下乡做买卖，其中就有麦芽糖。贫困人家不会买麦芽糖哄孩子，就给孩子说："那是狗屎做的糖，吃不得的。"说的人多了，这种糖便真的得名"狗屎糖"了。

夫妻拳头粉

夫妻拳头粉是用红薯粉与水按比例混合，在漏斗筛子里用拳头捶打，从筛孔漏出而成。因最初由一对夫妻制作成名，故取名"夫妻拳头粉"。

夫妻拳头粉的种类、味道很多，有豆花粉、酸菜粉、肥肠粉等，味道有酸辣味、麻辣味、清汤味，满足食客的各种口味。

九、住宿推荐

1. 蜀天星月宾馆
地　　址：雨城区张家山路 10 号

电　话： 0835－3667888

2. 梦温泉酒店
地　　址：雨城区孔坪乡周公山温泉公园园区

电　话：0835－2312388

3. 楠水阁温泉酒店
地　　址：雨城区孔坪乡周公山温泉公园园区

电　话：0835－2329999

4. 天府温泉宾馆
地　　址：雨城区孔坪乡周公山温泉公园园区

电　话：0835－2312566

5. 雨都饭店
地　　址：雨城区挺进路 157 号

电　话：0835－2601999

6. 西康大酒店
地　　址：雨城区滨江路 91 号

电　话：0835－2239333

十、交通提示

1 路公交车上行站点：雅安火车站→西门车站

雅安火车站—公交总站—汉文化广场—汉碑村—青年路口—土桥街路口—综治中心—政务服务中心—万达广场西—新华街—先锋路北—先锋路南—河北医院—雨城供电公司—青江厂—明珠路口—军医院—三雅园—通讯城—少年宫—假日广场—温州商城—大北街路口—八一路口—武安街路口—西门车站

1 路公交车下行站点：西门车站→雅安火车站

西门车站—武安街路口—八一路口—大北街路口—温州商城—假日广场—少年宫—通讯城—三雅园—军医院—明珠路口—青江厂—雨城供电公司—河北医院—先锋路南—先锋路北—新华街—新华街—万达广场西—政务服务中心—综治中心—土桥街路口—青年路口—汉碑村—汉文化广场—公交总站—雅安火车站

2 路公交车上行站点：雅安第四人民医院→货运站

雅安第四人民医院—市医院二院区—大兴一桥—西康商业广场—行政中心东门—万达广场东—迎新路口—青江国际—绿岛路东段—十里原湾—西康码头—绿洲路口—上坝路—档案校—外国语小学—桃花巷—市场监管局—王家沟路口—公路局—第一人民医院—龙观东路—一七二厂—西门车站—货运站

2 路公交车下行站点：货运站→雅安第四人民医院

货运站—西门车站—一七二厂—龙观东路—第一人民医院—公路局—王家沟路口—市场监管局—桃花巷—外国语小学—档案校—上坝路—绿洲路口—西康码头—十里原湾—绿岛路东段—青江国际—迎新路口—万达广场东—行政中心东门—西康商业广场—大兴一桥—市医院二院区—雅安第四人民医院

3 路公交车上行站点：七中→多营

七中—电大—档案校—外国语小学—雅中后门—通讯城—雅通市场—南三路口—实验小学—康北路口—货运站—职业学校—斗胆小区—茶马古道—陆王村—五营村—市交通局—雨城电站—汽车展场—德仁医院—华峰物流园车—茂园山庄—多营

3 路公交车下行站点：多营→七中

多营—茂园山庄—华峰物流园—德仁医院—汽车展场—雨城电站—市交通局—五营村—陆王村—茶马古道—斗胆小区—新江南路口—货运站—康北路口—实验小学—南三路口—雅通市场—华兴街口—雅中后门—外国语小学—档案校—电大—七中

4 路公交车上行站点：雅职院附院→旅游集散地

雅职院附院—桃花巷口—市场监管局—王家沟—川农体育馆—人民路—温州商城—大北街—市二医院—南三路口—碧峰峡路北段—城监支队—化工厂厂区—旅游集散地

4 路公交车下行站点：旅游集散地→雅职院附院

旅游集散地 —化工厂厂区—城监支队—碧峰峡路北段—南三路口—市二医院—大北街—温州商城—人民路—川农体育馆—王家沟—市场监管局—桃花巷口—雅职院附院

5 路公交车上行站点：雅安火车站→无水港物流分拨中心

雅安火车站—公交总站—汉碑社区—和平东路—第一江岸小区—雅

职院—正黄小区—和平西路—综治中心—政务服务中心—万达广场西—区政府—迎新街路口—河北医院—青衣江大桥—绿岛路东段—十里原湾—西康码头—青衣江公园—上坝路—建新路—雅安中学—少年宫—假日广场—温州商城—小北街路口—雅安博物馆—武安街—泛华厂—无水港物流分拨中心

5 路公交车下行站点：无水港物流分拨中心→雅安火车站

无水港物流分拨中心—泛华厂—武安街—雅安博物馆—小北街路口—温州商城—假日广场—少年宫—雅安中学—建新路—上坝路—青衣江公园—西康码头—十里原湾—绿岛路东段—青衣江大桥—河北医院—迎新街路口西—区政府—万达广场西—政务服务中心—综治中心—和平西路—正黄小区—雅职院—第一江岸小区—和平东路—汉碑社区—公交总站—雅安火车站

6 路公交车上行站点：街心花园→西门车站

街心花园—同心桥—工商局—民生桥—玉林小区—名山客运站—吴理真广场—羌江机械厂—华峰物流—园区管委会—建安工业—污水处理厂—槐树村—凤鸣村—凤鸣—光华山—和平东路—第一江岸小区—恒信上海城—西康商业中心—行政中心—万达广场—迎新路口—青江国际—山水豪庭—军医院—三雅园—雅通市场—南二路口—南三路口—下沉式广场—南四路口—西门车站

6 路公交车下行站点：西门车站→街心花园

西门车站—南四路口—下沉式广场—南三路口—南二路口—雅通市场—三雅园—军医院—山水豪庭—青江国际—迎新路口—万达广场—行政中心—西康商业中心—恒信上海城—第一江岸小区—和平东路—光华山—凤鸣—凤鸣村—槐树村—污水处理厂—建安工业—园区管委会—华峰物流—羌江机械厂—吴理真广场—名山客运站—玉林小区—民生桥—工商局—同心桥—街心花园

7 路公交车上行站点：西门车站→雅安火车站

西门车站—南四路口—下沉式广场—南三路口—南二路—雅通市场—三雅园—军医院—明珠路口—青江厂—青江国际—迎新街口—万达广场东—行政中心东门—西康商业广场—恒信上海城—第一江岸—商贸城—汉碑社区—公交总站—雅安火车站

7 路公交车下行站点：雅安火车站→西门车站

雅安火车站—公交总站—汉碑社区—商贸城—第一江岸—恒信上海城—西康商业广场—行政中心东门—万达广场东—迎新街口—青江国际—青江厂—明珠路口—军医院—三雅园—雅通市场—南二路—南三路口—下沉式广场—南四路口—西门车站

8 路公交车上行站点：草坝客运中心站→无水港物流分拨中心

草坝客运中心站—成实外雅安分校—草坝中学—南街路口—春江路建材—奥斯卡—恒天汽车—雅化集团—飞地产业园区—永兴安置小区—槐树村—名凤村—凤鸣—光华山—汉碑社区—汉文化广场—青年路口—政务服务中心—万达广场西—区政府—红十字医院—绿岛路东段—十里原湾—西康码头—绿洲路口—创业商城—通讯城—雅通市场—南三路—康北路口—西门车站—一七二厂—泛华厂—无水港物流分拨中心

8 路公交车下行站点：无水港物流分拨中心→草坝客运中心站

无水港物流分拨中心—泛华厂—一七二厂—西门车站—康北路口—南三路—雅通市场—通讯城—创业商城—绿洲路口—西康码头—十里原湾—绿岛路东段—红十字医院—区政府—万达广场西—政务服务中心—青年路口—汉文化广场—汉碑社区—光华山—凤鸣—名凤村—槐树村—永兴安置小区—飞地产业园区—雅化集团—恒天汽车—奥斯卡—春江路建材—南街路口—草坝中学—成实外雅安分校—草坝客运中心站

9 路公交车上行站点：南二路→对岩

南二路—大北街—大南街—第一人民医院—龙观东路—无水港物流分拨中心—龙岗山公墓—龙岗村—创新路站—红岩站—车管所—园区一

桥—坎坡村—对岩乡政府—对岩中心校—对岩

9 路公交车下行站点：对岩→南二路

对岩—对岩中心校—对岩乡政府—坎坡村—园区一桥—车管所—红岩站—创新路站—龙岗村—龙岗山公墓—无水港物流分拨中心—龙观东路—第一人民医院—大南街—大北街—第二人民医院—南二路

10 路公交车上行站点：老年大学→货运站

老年大学—金樾澜岸—大兴中心小学—碧桂园—观江府—雅安中学路口—和穆路口—区公安分局—大兴一桥—西康商业广场—行政中心东门—万达广场东—迎新路口—青江国际—绿岛路中段—十里原湾—西康码头—绿洲路—上坝路口—创业商城—育才路口—雅通市场—南三路—实验小学—康北路口—货运站

10 路公交车下行站点：货运站→老年大学

货运站—康北路口—实验小学—南三路—雅通市场—育才路口—创业商城—上坝路口—绿洲路—西康码头—十里原湾—绿岛路中段—青江国际—迎新路口—万达广场东—行政中心东门—西康商业广场—大兴一桥—区公安分局—和穆路口—雅安中学路口—观江府—碧桂园—大兴中心小学—金樾澜岸—老年大学

11 路公交车上行站点：永兴安置小区→西门车站

永兴安置小区—孵化园—川西机械—经开区管委会—建安厂—污水处理厂—槐树村—凤鸣—光华山—和平东路—第一江岸小区—雅职院—青年路口—政务中心—万达广场西—区政府—河北医院—明珠路口—三雅园—雅通市场—南三路口—十四队—西门车站

11 路公交车下行站点：西门车站→永兴安置小区

西门车站—南四路—十四队—南三路口—雅通市场—三雅园—明珠路口—河北医院—区政府—万达广场西—政务中心—青年路口—雅职院—第一江岸小区—和平东路—光华山—凤鸣—槐树村—污水处理厂—建安厂—

经开区管委会—川西机械—孵化园—永兴安置小区

13 路公交车上行站点：雅安火车站→陆家坝

雅安火车站—公交总站—和平东路—第一江岸小区—雅职院—正黄小区—和平西路—行政中心东门—万达广场东—迎新街口—青江国际—绿岛路东段— 西康码头—绿洲路口—上坝路口—创业商城—少年宫—人民路—川农体育馆—学府花园—小北街路口—八一路— 雅安博物馆— 一七二场家属区— 陆家坝体育活动中心—陆家坝

13 路公交车下行站点：陆家坝→雅安火车站

陆家坝—陆家坝体育活动中心 —一七二场家属区—雅安博物馆—八一路—小北街路口—大南街— 学府花园—川农体育馆—人民路 —少年宫—创业商城—上坝路口— 绿洲路口— 康码头— 绿岛路东段— 青江国际—迎新街口—万达广场东—行政中心东门—和平西路—正黄小区—雅职院—第一江岸小区—和平东路—公交总站— 雅安火车站

名山区
红色旅游指南

一、名山区概况

区情概况

名山区地处四川盆地西南边缘，东邻蒲江县，南接丹棱县、洪雅县，西连雨城区，北壤邛崃市，全区面积614平方千米。名山区属中纬度内陆亚热带季风性湿润气候区，气候温和，雨量充沛，年降水量1 000~1 800毫米，全区森林覆盖率51.59%，绿化覆盖率79.6%，空气质量达国家一级标准，水质量达国家二级标准，是名副其实的"绿色世界""天然氧吧""生态乐园"，是典型的生态宜居城市。

名山区是古代南方丝绸之路的主要通道和川藏茶马古道的起始地，处于成渝经济区、攀西经济区、川西北经济区的接合部和川西交通枢纽的核心区，是接轨成都的"桥头堡"，也是链接攀西、沟通康藏的"中转站"。成雅高速、成名高速、国道108线纵贯全境，雅乐高速在名山交会；成雅铁路贯穿全境，名山站建成投用；名山电力充足、电价低廉，具有良好的工业生产能源保障条件，四川成雅工业园区初具规模。

名山历史文化积淀深厚，是世界茶文化发源地、茶文明发祥地、茶文化圣山，茶马古道民族文化的源头，扼成都平原通往甘孜、阿坝、凉山三州及西藏、云南的咽喉，处于汉、藏、羌、纳西、白族等民族多元文化的交会点，有底蕴深厚

的蒙山茶文化，独具特色的川西民俗文化，源远流长的佛教文化，二万五千里长征播撒的红军精神文化。2020年末常住人口25.46万人。

红色文化概况

1935年11月，红四方面军在名山进行百丈关战役和建立地方党组织及苏维埃政权，徐向前、李先念等老一辈无产阶级革命家在此开展艰苦卓绝的斗争，谱写了可歌可泣、彪炳千秋的革命史诗。

1935年10月，红四方面军南下后，发布了《天（全）芦（山）名（山）雅（安）邛（崃）大（邑）战役计划》，11月，红四方面军集结第四军、九军、三十军、三十一军、三十二军和妇女独立师等17个团2万余人，在名山百丈关一带与国民党军85个团展开激战。刘湘为死保成都平原，集结20余万川军设防于成雅公路沿线、邛崃山前、百丈关东北一带数十千米的山岗丛林地带，在百丈关至黑竹关一带筑碉堡修工事，以数倍于红军的兵力，在以百丈关为中心的黑竹关、胡大林、月儿山、鹤林场和治安场一带展开了一场7昼夜的殊死决战，红军歼敌1.5万余人，自身伤亡近万人。由于敌军不断增援，敌我力量悬殊，红军不宜再与敌军进行大规模作战。11月下旬，红四方面军总指挥部决定由进攻转为防御，百丈关战役结束。百丈关战役是红四方面军南下以来规模最大、最为惨烈的一场重要战役。

近年来，名山以"一山两湖三茶园"优势资源为支撑，大力发展茶文化主题旅游、红色文化旅游、乡村旅游、休闲度假旅游等，在全国茶文化旅游中有很高的影响力、竞争力和吸引力。境内的红色革命遗址有红四方面军第三十军李先念指挥部观斗山遗址、东河桥战斗遗址、挖断山战斗遗址、胡大林战场遗址、治安场战斗遗址、百丈关战役遗址、罗家山战斗遗址、莲花山战斗遗址、百丈关战役蒙顶山战斗遗

址、百丈关战役啄子山战斗遗址、百丈关战役红军将士墓群遗址、红军百丈关战役纪念碑、红军百丈关战役纪念馆、红四方面军第九十三师师部驻地旧址、红军亭、名山烈士陵园等。区内有 1 家三星级酒店，45 家星级"茶家乐"，230 余个乡村旅游接待点，日接待能力可达 5 万人次。2011 年，名山县被中共四川省委农工委、四川省旅游局授予四川省乡村旅游示范县。2014 年，名山区被四川省旅游标准化技术委员会授予四川省旅游标准化示范单位。2015 年，"蒙顶山茶乡风情旅游路线"被评为"中国十佳茶旅路线"。2016 年，名山区被评为"中国十大最美茶乡"，"茶祖故里茶文化风情游"被推选为"全国茶乡之旅特色路线"。2018 年 3 月，国际茶叶委员会授予名山区"世界最美茶乡"奖牌；2018 年 4 月，"世界茶源——茶产业文化旅游经济走廊"荣获"2018 年度全国茶旅金牌路线"称号。2020 年，名山区入选第二批"天府旅游名县"候选县；2021 年，名山区被评为第二批四川省全域旅游示范区。

二、红色景点

红军百丈关战役纪念馆

红军百丈关战役纪念馆位于名山区蒙顶山镇蒙山村。

1935 年 10 月下旬，红四方面军挥师南下雅安，在攻占雅安各县的同时，集中主力向川西平原进军。11 月中下旬，红四方面军在名山县百丈关、黑竹关一带与四川各路军阀进行了一场自南下以来规模最大、

最为惨烈的一场战役，史称"百丈关战役"。

红军百丈关战役纪念馆前身为红军纪念馆，始建于1985年。2005年8月，名山县人民政府在原址重新修建红军百丈关战役纪念馆，占地面积1100平方米，馆名由李先念夫人林佳楣题写。纪念馆分上、下两层3个展厅，以实物和文字、图片资料展示了红一、四方面军长征在雅安地区时的战斗情况，并采用声、光、电同步的电子沙盘再现了红四方面军南下鏖战百丈关的战斗场面。

纪念馆旁边有红军亭，徐向前曾在此指挥战斗。

2006年2月，被中共四川省委、四川省人民政府命名为四川省第四批爱国主义教育基地，被共青团四川省委命名为四川省青少年爱国主义教育基地。2015年，被中共雅安市委党史研究室命名为雅安市中共党史教育基地。

三、红色遗址

红四方面军第九十三师师部驻地旧址

红四方面军第九十三师师部驻地旧址位于名山区蒙顶山镇蒙山村千佛寺。

1935年11月下旬，因百丈关战役失利，红四方面军总指挥部决定不在名山、邛崃、大邑的战线上与国民党军拼消耗，全线转移到北起邛崃九顶山，南经邛崃天台山，雅安上里、中里与名山交界的莲花山、蒙山一线，拒险防守。师部设在蒙顶山千佛寺。师长陈友寿（后柴洪儒）、政委叶成焕。红九十三师辖二七一团、二七四团、二七九团。

千佛寺始建于南宋时期，建筑面积1 500多平方米，占地面积3 000平方米，现为宗教活动场所。

罗家山战斗遗址

罗家山战斗遗址位于名山区蒙顶山镇水碾村罗家山。

1936年2月1日，红四方面军中纵队第三十一军第九十三师第二七九团在名山与雅安县交界的罗家山、老道观、金鸡关一线设防，敌军在飞机、大炮的掩护下，向红军阵地发起进攻，企图夺取金鸡关隘口，打通名山至雅安的要道。红军指战员沉着应战，凭借有利地形，打退敌军的多次进攻，歼敌近1 000人，击落敌机1架。在这场战斗中，红军伤亡很大。

原址现为耕地、林地。

胡大林战场遗址

胡大林战场遗址位于名山区黑竹镇鹤林村。

1935 年 11 月 16 日至 21 日，红四方面军中纵队第九军第二十五师、第三十军第八十八师攻占胡大林后，川军在飞机、大炮轮番轰炸掩护下，向胡大林山上的红军阵地猛攻。红军在胡大林一带的铁厂沟、桅杆坡、鹤林场、月儿山、青林岗等地，与优势之敌进行殊死搏斗，打退敌军多次反扑。经过激烈战斗，敌我双方伤亡惨重。

原址弹坑、战壕仍清晰可见，现为耕地、山林。

红军百丈关战役纪念碑

红军百丈关战役纪念碑位于名山区百丈镇红军路。

为纪念在名山百丈关战役中英勇牺牲的红军将士，2000 年，百丈镇人民政府在百丈镇场口立红军百丈关战役纪念碑。纪念碑高 4.8 米、长 5.2 米、宽 3.1 米，顶部塑有红军人物雕像，底座由红色花岗石镶嵌，刻有百丈关战役简介。

1935 年 11 月中下旬，红四方面军在名山县百丈关、黑竹关一带与敌军进行 7 天 7 夜的殊死决战，歼敌 1.5 万余人，自身伤亡近万人。百丈关战役是红四方面军南下以来规模最大、最为惨烈的一场战役。

百丈关战役红军将士墓群遗址和红军百丈关战役遗址碑

百丈关战役红军将士墓群遗址位于名山区百丈镇千尺村与高岗村交界处。

2015 年 10 月，在百丈关战役主战场立红军百丈关战役遗址碑纪念百丈关战役 80 周年。碑体正面书"百丈关战役遗址"，背面书"百丈关战役简介"。 20 世纪 80 年代在原址上发现有 360 余座坟，现为林地、田地。

四、纪念场馆

红军百丈关战役烈士纪念园

红军百丈关战役烈士纪念园位于名山区百丈镇千尺村（名山城区以东国道108线旁）。纪念园占地面积82亩，由入口广场、瞻仰大道、纪念广场、纪念碑、纪念馆、碑林、英烈墓园、和平广场组成。该园由中央优抚事业资金投资兴建，总投资约6 000万元，2016年底开工建设，2019年初竣工。纪念广场长72米，宽51.4米，面积3 700平方米。纪念碑高19.35米。纪念馆4 318平方米。红军烈士墓群占地面积10 500平方米，采用五星斜面布局，9 356个大理石墓碑沿斜坡整齐布放，气势宏大，震撼。

名山烈士陵园

名山烈士陵园位于名山区蒙阳镇建设路2号，原为中国人民解放军步兵第十八军第五十三师烈士公墓，1950年1月10日动工修建，1951年3月落成。占地面积13 320平方米，建筑面积1 546平方米。陵园由纪念堂、纪念碑、纪念亭、烈士墓、史料陈列馆等设施组成。墓区青松翠柏，庄重肃穆，安埋有中国人民解放军步兵第十八军第五十三师在名山剿匪中牺牲的84位烈士。

纪念堂正中石壁上镌刻五十三师剿匪殉难烈士的纪念碑文；堂内塑有一尊约2米高的解放军战士石膏像；堂前花岗石石碑上镌刻邓小平题词"为人民翻身事业而牺牲的烈士们永垂不朽"；堂两侧的石碑走廊里镌刻邓小平、王新亭、刘文辉的题词。纪念堂正前方10余米处耸立的纪念碑高20余米，造型别具一格，下方上圆，碑下方刻有烈士名录，碑顶是一颗红色五角星，碑身主体四方圆柱鼎立，碑正面书"中国人民解放军步兵第五十三师剿匪殉难烈士纪念碑"。史料陈列馆陈列有烈士名录及事迹的实物、文字和图片资料等。

1987年8月，名山烈士陵园被四川省人民政府批准为四川省烈士纪念建筑物重点保护单位；1995年，被四川省民政厅批准为省级爱国主义教育基地。2002年9月，中共雅安市委、雅安市人民政府命名为爱国主义教育基地。

五、主题故事

王路宾战斗在名山

1938 年 2 月，是国共第二次合作抗战时期。名山县长熊山丈给名山中学介绍了一位年轻英俊的教导主任。他叫王路宾，化名王广义，是中共四川省工作委员会秘密派来的中共名山特支书记。

作为名山中学的教导主任，王路宾积极地进行抗日宣传。本来校长叫他教英语，为了便于宣传，他还额外要求教音乐。他一学期就教学生唱了《大刀进行曲》《流亡三部曲》《锄头歌》《游击队歌》《黄河大合唱》等十几首歌曲。校园里不时响起嘹亮的歌声，学生们的爱国之情与日俱增。

为了组织学生进行抗日宣传，他创立了学生自治会，举办抗日的报告会、演讲会、读书会，还写标语、画漫画、办墙报，组织学生给抗日前线募捐、写慰问信。参加活动的学生越来越多，抗日激情越来越高涨。

王路宾不仅带学生在县城进行街头宣传，还组织百余人的宣传团，到永兴、回龙、车岭、马岭、太平、百丈、新店等场镇宣传。每到一处，王路宾都激情澎湃地向群众宣讲我党的抗日主张，带领大家高呼"打倒日本帝国主义""中国必胜、日本必败"的口号。宣讲团为群众唱抗日歌曲、表演抗日剧目，群众深受教育和感染。

1938 年夏，熊山丈调职，中学校长被免职。王路宾自知任教已无可能，便与赞成抗日的绅士张理堂合伙开办了名山第一个书店——新名书店。书店主要经售小学课本和进步书刊。由于书店与中学近在咫尺，不少青年学生一有空就去看书；商界、政界、军界的不少人士也经常来书店，谈论抗日救国之事。王路宾以书店为点，一方面继续联络部分学生，另一方面广泛地结识社会爱国人士。不久，他又在书店的街对面开办了一所石印社，翻印进步资料，加强宣传工作。经几个月的观察、培养后，王路宾报经上级党组织批准，吸收了孙绍燮、李树才两个学生入党。

1938年秋，新任名山中学校长陈某把持学校大权后，为所欲为，肆意打击进步学生。开学前夕，他便向几个进步学生的家长发出"该生不堪教育，下期毋庸来校"的通知，将孙绍燮等人"默退"。他还公开反对抗日，在上课的时候讲："中国抗战已到无办法的境地，日本人来了与之当顺民就是，何惧之有。"陈某的所作所为，激起青年学生的反对和爱国人士的谴责。王路宾了解到情况后，随即指示孙绍燮组织学生控告校长陈某。孙绍燮起草了控告文稿，由王路宾修改后，交李树才誊写。

一天晚上，孙、李二人组织学生在控告书上签名，不料被校长陈某看见。他便上前盘问，从孙绍燮身上搜出了控告书。当晚，陈某向警察局告发了此事。

第二天，警察局派兵到孙绍燮家进行搜查，结果搜出了王路宾修改过的手稿。于是，陈某借题发挥，大做文章，一面指使心腹造谣，说王路宾"杀人、放火"；一面勾结县长游辅国以"秘密结社宣传反动""鼓动学潮"之罪，将王路宾、孙绍燮二人逮捕入狱。

在法庭上，王路宾义正词严、据理力争，驳得游辅国和法官理屈词穷、无言以对。

王路宾利用各种与"犯人"接触的机会，向他们讲抗日道理，教他们唱抗日歌曲。每教一支歌曲，关在同一间牢房的"男犯"学会时，隔壁牢房的"女犯"也听会了。有时一人开个头，整个监狱的"犯人"都一起跟着唱起来了。狱警十分紧张，但又无计可施，大为恼火。

王路宾被关押期间，常常有学生、教师和社会人士前往看望。

一天，李树才去探望王路宾时，王路宾指示道："你去找百丈胡某，继续控告陈某。"

"一定要小心从事，切勿暴露。"王路宾又嘱咐说。

　　李树才到百丈向胡某口述控告稿内容，罗列了校长陈某六条"违法失职"的罪状，强烈要求四川省教育厅"撤职严惩"。胡某缮写好后，交给了李树才。李树才回到学校，找了29名同学签名，拿到百丈寄了出去。

　　1939年8月，王路宾被营救出狱。他出狱后，根据党组织的安排，转移到成都工作了3个月后，又随董必武、林伯渠、吴玉章去延安，奔赴抗日前线。

血染月儿岗

名山城区西侧，有一座松青柏翠、肃穆庄严的烈士陵园。园内安葬着在名山剿匪战斗中牺牲的 84 位烈士。烈士堂内，塑着一位手握钢枪，为人民翻身事业而战的英雄——王成章烈士。王成章是中国人民解放军步兵第十八军第五十三师第一五七团机枪连的副连长，安徽涡阳县人，中国共产党党员。

1950 年 3 月，五十三师进驻名山，准备进军西藏。当时名山刚刚解放，匪患未息，人民生活不得安宁。为了巩固新生的人民政权，保卫人民的利益，五十三师派出两个团的兵力，在名山境内对土匪进行清剿。

4 月 5 日凌晨，剿匪部队分两路出发，准备围歼总岗山金狮寨一带的大股土匪。一五七团的 4 个连由左侧东进，而王成章则率七连的一个排负责给养，走在队伍的后面。

拂晓，4 个连行至太平一带改为横队前进。不一会儿，便与 2 000 多人的股匪不期而遇。部队全线受到土匪的进攻，相互失去联系。王成章带领的那个排在月儿岗、踏水桥一带也受到上百名匪徒的围攻。土匪仗着人多、地形熟，号叫着从四面八方向他们射击。战士们一面还击，一面前进，但寡不敌众，十几名战士被分割包围。踏水桥附近的几名战士与敌激战，两人牺牲在桥下，其余战士趁天色未明分散隐蔽，有的返回报信。王成章等 5 名战士被围困在月儿岗场东南面的一片开阔地里。为了避免路旁的民房遭受损失，他们迅速绕过房屋，猫着腰跑到开阔地间的一片坟地里，以 3 座坟墓和 1 棵青冈树作掩体，防御土匪的围攻。

这时，天色已明。一群土匪窜到民房附近，接连不断地射击，稠密的子弹向坟地飞去，青冈树被打得枝叶横飞。坟堆上的石头也弹痕累累。战士们的头上、身上落满土块、石渣、树枝和树叶，子弹不时从他们的耳旁、头顶呼啸而过，但他们毫无惧色，勇敢、沉着地迎击敌人。

被围的 5 名战士，除王成章外，小个子的叫胡小山，才 19 岁，安徽歙县人；中等个子的，一个叫谭少群，湖北巴东县人，另一个

是副班长姚树堂，河南民权县人，共产党员；身材魁伟的是排长于西兰，河南淮阳县人，共产党员。

王成章的机枪朝北架着，他警惕地监视着民房附近的敌人。土匪一阵射击后，一个个探头探脑地准备向王成章他们进攻。王成章端起机枪"哒哒哒……"一梭子弹扫射，封锁住了敌人，路上飞溅起一团团泥土和灰尘。匪徒吓得缩回头去，躲到一道土坎后面。在房屋前边的一排果树后面躲着的土匪又猛烈地向王成章他们射击。王成章把机枪向上翘翘，又是一梭子弹打过去。子弹撕裂了树皮、树干，树后的土匪不敢动弹。

开阔地西南边是月儿岗场，土匪躲在房屋的石壁、土墙后，不时地向坟地放冷枪。东南边有一片树林，那儿也藏着不少土匪，断断续续地向坟地射击。几处的土匪同时射击时，战士们就趴在坟堆间的槽隙处隐蔽着，枪声一过，他们就机警地观察着敌人的动静。战士们发现树林里的土匪逐渐往坟地一侧的林边移动，排长喊了一声："打!"四支步枪同时开火，土匪有的应声倒下，有的隐藏到大树背后。场上的土匪又猛烈射击起来。一颗子弹射中三排长于西兰的左胸，热血喷射到坟边，溅到胡小山身上。

胡小山惊叫道："排长! 排长!"

排长倒在了血泊中……

胡小山扑上前去，抱住排长，眼泪夺眶而出。他用袖口揩揩眼泪，端起枪来，射出一发发仇恨的子弹。王成章和另外两名战友也悲愤地朝匪徒开火。

战斗持续了三四个小时，胡小山、谭少群在战斗中牺牲了；姚树堂身体多处中弹，只有一息尚存；王成章右臂也负了伤。

在敌人枪声稀疏的片刻，王成章回头望望四位战友，悲痛地伸手扶正谭少群和于西兰的军帽，又挪动身子，理了理胡小山的军衣。姚树堂微微睁开眼睛，脸上露出一丝笑意，随后也停止了呼吸。

坟地里好一会儿没有枪声，民房附近的土匪叫喊起来："他们没有子弹了，抓活的!"但匪徒们不敢贸然行动，只是不断向坟地射击。

王成章靠在坟堆边，数了数自己机枪里的子弹，还剩 6 发。他忍着伤口的剧痛，吃力地扶着机枪，时刻准备着射击土坎后面的匪徒。

土坎后隐约露出 4 个脑袋，"哒! 哒! 哒! 哒!"，王成章射出四发子弹，左边的两个脑袋开了花，右边的两个脑袋往下一缩，子弹从他们头

顶擦过。树林里、场上的土匪又向坟地射击一阵。

　　过了约莫 10 分钟，果树后的土匪再次喊道："他们肯定没子弹了，抓活的！"

　　两三分钟之后，一个狗胆包天的土匪从果树后一闪，急速向土坎这边窜来，离土坎还有一两米时，坟地里一声枪响，这个土匪应声倒地。几面的土匪再次向坟地射击。

　　王成章拖回机枪，转过身来背靠着坟堆，把枪托放到脚边，两手握着枪管，用枪口抵着下颌，然后将右脚拇趾伸到扳机处……

　　土匪的枪声还在断断续续地响着，他们不敢往坟地靠近。王成章从容不迫地用脚趾拨动了扳机……他用最后一发子弹表达了对共产主义事业的无限忠诚。

　　1951 年 3 月，中国人民解放军步兵第十八军第五十三师烈士公墓在名山落成。王成章诸烈士的英雄事迹，永远铭刻在名山人民心中。

六、景点链接

蒙顶山景区

蒙顶山是国家 AAAA 级旅游景区、世界茶文化发源地、世界茶文明发祥地、世界茶文化圣山。海拔 1 456 米，夏季白天温度 25℃左右，气候宜人，森林覆盖率达 95%，山上负氧离子含量高，达到世界顶级水平，被誉为"天下休闲地，人间养生场"。

蒙顶山是中国文字记载人工种茶最早的地方，早在两千多年前

的西汉时期，植茶始祖吴理真就在蒙顶山驯化栽种野生茶树，开创了人工种茶历史。蒙顶山茶自唐入贡皇茶至清绵延不断，蒙顶茶因贡茶品质被尊为"仙茶"，名山被称为"仙茶故乡"。《蒙山施食仪》

产生并传播海内外而享誉尊崇。景区内的世界茶文化博物馆、茶坛、天下第一壶、天梯古道、天盖寺、碑廊、灵泉院牌坊、阴阳石麒麟、甘露井、皇茶园、蒙茶仙姑像、甘露石屋等景点展示了蒙顶山茶悠久的历史。

百丈湖风景旅游区

百丈湖风景旅游区位于世界茶文化圣山——蒙顶山之麓，被誉为"南方丝绸路上一翡翠"。东距成都 100 千米，西距雅安碧峰峡 30 千米、蒙顶山景区 20 千米。成雅高速、国道 318 线傍湖而过。百丈湖始建于 1957 年，占地面积约 2.67 平方千米，常年蓄水 2 000 万立方米。1990 年开辟为风景旅游区，是集旅游、发电、灌溉、防洪为一体的省属重点水利工程。

百丈湖系首批省级风景区，湖岸蜿蜒曲折，湖光山色，烟波浩渺，宛若平镜，冬春有万千野鸭嬉水，夏秋有成群白鹤翔空，湖周浅山环列，林木葱茏，倒影湖中，无限诗情。湖心岛因桂花品种繁多，造型美观，取名"桂花岛"。大雄宝殿、望湖白塔，典雅古朴、气势雄伟，是品茶、休闲、养生的理想场所。

月亮湖

月亮湖是国家 AAAA 级旅游景区，位于名山区百丈镇，交通便利，景区大门距离成雅高速太平出口仅 1.5 千米，京昆高速、成名高速、国道 318 线构成了月亮湖景区四通八达的交通网络。

景区是以茶文化体验和乡村休闲度假为主题的茶旅田园综合体，总面积 3 平方千米，是名山区打造的中国至美茶园绿道上的重要节点，集生态休闲、茶园观光、茶文化体验、养生度假于一体，有独具特色的知青文化、民俗文化、婚纱摄影基地等高品质资源。景区植入浪漫元素，大力营造浪漫氛围，培育、开发占地面积为 5 860 平方米的林下花海，建成占地面积 3 600 平方米的婚纱摄影基地，充分利用

湖光山色、茶园美景，配置婚纱摄影的场景要素，完善婚纱摄影的服务功能设施，将人文景观与自然环境有机结合。这里春可赏花采茶、夏可避暑休闲、秋可观红叶、冬可避霾放松，四季皆宜居宜游，是生态养身的绝佳之地。

清漪湖

清漪湖原名红光水库，地处名山区万古镇。始建于 1958 年，1967 年投入灌溉运行。湖面面积 800 亩，常年蓄水 400 万立方米，控灌面积 1.18 万亩。1986 年作为蒙顶山景区的配套景点，更名为"清漪湖"。整个湖区距蒙顶山 20 千米，至名山城区 6 千米、雅安市区 23 千米，至成都 100 千米，交通极为便捷。

清漪湖湖面开阔，水源主要来自夹金山冰雪融水，除自然集雨面积外，库尾与玉溪河配套支渠相连，水体交换量大，常年保持水质清新。

周围植被良好，库周栽有桃树百余亩，还有成片的桂花树，香飘四野。四周除了成片的树林、庄稼和农户外，没有任何工厂、无污染，空气非常清新，是名副其实的"天然氧吧"。2015 年创建成省级湿地公园。

牛碾坪万亩生态观光茶园

牛碾坪万亩生态观光茶园是国家 AAAA 级旅游景区，位于名山区中峰镇，是国家级茶树良种繁育场、西南最大的茶树基因库，是全国乡村旅游与休闲农业示范点和全国首批"万亩生态茶园示范基地"，是名山灾后重建蒙顶山茶产业发展的代表和缩影，是集基地、科创、生产和旅游为一体的茶旅综合体。

科创水平全国领先。茶业科技中心建有全国最先进的全自动茶叶加工生产线和高效节水喷灌系统，拥有茶树资源圃、良种母本园、品比试验园 1 000 余亩，保存国家级和省级茶树良种 200 余个、省内外野生茶树资源 1 200 余个，是四川唯一的国家级茶树良种繁育场和西南最大的茶树基因库。

茶旅融合前景广阔。牛碾坪万亩生态观光茶园核心景区面积 1.5 万亩，茶园在浅丘间连绵蜿蜒，呈阶梯状分布，周边群山叠嶂，沟壑纵横。漫步茶间游道、欣赏茶涌绿波，茶木掩映的茶园风光蔚为壮观。茶园依托牛碾坪良好的茶产业基础和深厚的茶文化底蕴，加快推进以"茶"为支撑的茶旅综合体打造，建成了茶园骑游道、游步道、藤蔓大道及儿童游乐设施，完成了游客接待中心、帐篷酒店、茶餐厅、茶庄、茶楼、超市、观光亭廊、种植体验园、采摘体验园等配套服务设施建设。

通过旅游功能的完善，有效增强了牛碾坪旅游吸附能力，推动了茶旅融合发展，实现了"茶园变公园、茶区变景区、劳动变运动、产品变商品、茶山变金山"。

中国至美茶园绿道

中国至美茶园绿道是中国十佳茶旅线路，百公里百万亩茶产业生态文化旅游经济走廊的重要组成部分，将名山区西北部的生态茶园、多彩林盘、湿地湖泊、浅丘山地等自然景观和茶庄果园、民居庙宇、新村公园、文化节点等串接起来，形成集旅游观光、健康骑行、品知体验、茶旅互融于一体的中国至美茶园绿道，环线全长86千米，沿途有茶马古城、七灵广场、红草湿地、清漪湖、荷塘茶色等重要节点和红草旅游新村、官田旅游新村、蒙顶酒庄、特色茶家乐等旅游接待点。

永兴寺

永兴寺坐落于蒙顶山西侧山腰，海拔 1 000 米。依山向水，建筑面积 5 000 平方米。山门石雕，有九龙蟠绕，透雕"永兴古寺"，有麒麟浮雕一对。大雄殿为重檐悬山式，石楼三间，面阔 12 米，柱、梁、壁、楼等皆为全石结构，气势凝重。寺内有清剑南观察使黄云鹄诗碑、告谕、楹联等石刻十多幅，植有七心茶花和红、白玉兰等珍稀花木，其中一株红杜鹃，植于明代，春末夏初，花朵满枝。

唐时恰逢蒙顶山茶入贡皇室，蒙顶山僧众研习茶艺，"禅茶并举"，开启了蒙顶山禅茶文化之先河。晚唐道宗禅师重建永兴寺，农禅并举，以禅法入茶，使禅与茶的结合更加紧密、完善，以茶会禅，全面丰富与提高了蒙顶山茶文化的意境，使蒙顶山禅茶全面形成。永兴寺的佛教文化和蒙顶山的茶文化相互渗透融合，实现了"禅茶一体"。永兴寺一座古刹，一本经书，一杯清茶构成了"禅茶一味"的佛性意境。

智矩寺

　　智矩寺又名智矩院，清始称大五顶，专管蒙山禅茶制作。汉甘露祖师始建，宋淳熙时重修，明万历时补修。自唐至清，每多于此制造皇茶。2000年，新塑吴理真像，刻茶文化图，设有禅茶表演。该寺位于名山区蒙顶山镇蒙山村，东面30米为"蒙山"石刻，总占地面积约1 130平方米，为省级文物保护单位。

　　智矩寺占地面积约196平方米，坐西北向东南，为穿斗式木结构建筑，面阔五间18.80米，进深四间15.69米，明间5.4米，次间3.25米，稍间3.45米，通高1.5米，前有一步廊，重檐歇山顶，三素石台级。殿内左侧有一眼明万历年间古泉井，井盖上有龙形雕刻，长方形，宽0.45米，深0.65米。

茶马司

茶马司于宋神宗熙宁七年（1074年）始建，在名山区新店镇新星村108国道旁，为省级文物保护单位。史载"遣官以主之"，专司茶马互市事宜，是宋以来承办以茶易马茶政所在地。鼎盛时"岁运名山茶二万驮"（每驮50千克），占官方统筹总茶数一半以上。建筑遗存为清道光二十九年（1849年）重修，占地面积1 333平方米，建筑面积600余平方米，坐北向南，中轴线对称，为石料檐柱砖木结构四合院。2000年、2004年，两度修缮，有"藏汉一家亲""以茶易马"壁画。2018年，增加展陈内容，展示茶马互市和茶马古道的历史文物和蒙顶山茶文化的丰富内涵。

茶马古城

茶马古城地处名山新城区，位于世界茶文化圣山蒙顶山下，规划占地面积约 2 平方千米，投资 8 亿元，分三期建设。其中茶马古城核心区项目是"4·20"芦山强烈地震灾后恢复重建重要产业项目。在古城建设过程中，将"茶"元素与"马"元素很好地融入房屋的窗户、屋椽中，形成了独特的茶马文化建筑风格。

茶马古城业态丰富，吃、住、行、娱、购、游样样齐全，已经建成并投入使用的有 2 万平方米的美食街、2 万平方米的茶文化体验中心、可同时容纳 1 000 人住宿的 31 家风情客栈、2 万平方米的国际奇石艺术中心、2 万平方米的金丝楠木艺术中心、1 万平方米的雅安各县（区）农副土特产品街等。

茅河镇临溪新村

　　茅河镇临溪新村是"4·20"芦山强烈地震灾后重建新村，位于名山区茅河村与茅河场镇接合部。临溪新村总投资 3 200 万元，规划占地面积 32 亩，入住农户 120 户。该新村自管委采取以奖代补的形式鼓励村民发展第三产业，共培育起业态 15 家，其中农家住宿 4 家、超市 2 家、餐饮 4 家、茶楼 5 家，初步形成了集餐饮、娱乐、休闲、住宿、购物为一体的乡村旅游业态，形成了产村相融的良好格局。

　　茅河镇临溪新村形成了"山水林田路、医教文体广"综合配套齐全的新型社区化新村，同时带动茅河场镇公共服务的进一步提升，为茅河镇打造"水韵茶乡"旅游古镇提供了有力支撑，是茅河发展乡村旅游的重要节点，是到茅河旅游度假的重要目的地。

蒙山新村

蒙山新村位于名山区蒙顶山镇蒙山村，东依金花、槐溪、梨花村，南接名雅村，西邻雨城区姚桥镇，北与雨城区碧峰峡镇和陇西乡接壤，距离蒙顶山核心景区 4.5 千米、名山城区 5 千米。

蒙山新村自然生态原始古朴，生态旅游资源独具特色，处于名山区"蒙顶山仙茶文化休闲旅游核心区""现代农业旅游区""蒙顶山生态走廊"规划中心区域，属于碧峰峡—蒙顶山—百丈湖旅游环线的主要景点。近年来，蒙山新村依托蒙顶山景区带动，结合新农村、美丽乡村等建设，以茶家乐为载体，蒙顶山国际茶文化旅游节为推手，按照打造旅游示范村、美丽乡村标准，不断加大旅游开发步伐，乡村旅游取得了显著成效。

万古镇红草新村

　　万古镇红草新村位于名山城区东北部，距城区 10 千米。该新村是名山灾后产业重建和茶旅融合发展的典范，茶园面积为 19 119 亩，核心区"花香茶海"面积 4 000 余亩，四季鲜花盛开，形成标准化茶园基地和花卉苗木观光为主导的立体生态农业观光旅游的产业发展模式。

七、旅游线路

（一）红色旅游线路

成雅高速太平出口—红军百丈关战役纪念碑—红军百丈关战役烈士纪念园—名山烈士陵园—红四方面军第九十三师师部驻地旧址—蒙顶山景区—红军百丈关战役纪念馆—红军亭—百丈关战役蒙顶山战斗遗址

（二）蒙顶茶乡风情旅游线路

成温邛名高速百丈湖出口—百丈湖风景旅游区（王家村）—牛碾坪万亩生态观光茶园—万古镇红草新村—清漪湖—月亮湖—红星镇骑龙场万亩生态观光茶园—茶马古城—蒙顶山景区（蒙山新村）

（三）精彩四季

春·采茶：组织开展蒙顶山国际茶文化旅游节等活动

夏·纳凉：组织纳凉蒙顶山活动和茶乡青春相约系列活动

秋·骑游：组织骑游茶间风情游和蒙顶山禅茶大会

冬·喝汤：组织茶乡羊肉汤美食节和茶膳大赛

八、美食特产

蒙顶甘露

甘露一说在梵语是"念祖"之意，二说是茶汤似甘露。

蒙顶甘露茶采摘细嫩，制工精湛，外形美观，内质优异。其品质特点：紧卷多毫，浅绿油润，叶嫩芽壮，芽叶纯整，汤黄微碧，清澈明亮，香馨高爽，味醇甘鲜。

蒙顶黄芽

蒙顶黄芽的品质特点是外形扁直，色泽微黄，芽毫毕露，甜香浓郁，汤色黄亮，滋味鲜醇回甘，叶底全芽，嫩黄匀齐，为蒙山茶中的极品。

蒙顶石花

蒙顶石花与蒙顶黄芽比较相似，又名石髓，取意于"石髓香粘绝品花"，采清明前黄绿瘦小单芽制成。干茶每千克约需鲜芽5 000个。外形扁直条整，银毫毕露，锋苗挺锐，如奇峰之石花。汤色黄绿，味醇而甘，香气高雅持久。

石花的性能：味微苦、甘，性凉。能清头目，醒精神，解烦渴，利小便，消食积，解体毒。

土耳苔

土耳苔俗称土耳瓜根、佛手瓜根。土耳苔富含人体所需多种营养元素，尤其是微量元素锌和硒。据药典记载，土耳苔具有祛风解热、健脾开胃、补血益智的功效。

千佛菌

千佛菌产自风景名胜区蒙顶山，是一种名贵的食药两用菌，系食用菌中之珍品，作为名山特有的菌类珍稀资源，是名山区的著名特产。该品外观形如莲花，香味浓郁、肉质柔嫩、味如鸡丝、脆似玉兰，富含人体必需的铜、铁、锌、钙、硒等微量元素和多种维生素，属川产名贵菌种。

蒙茶煎蛋

此菜色泽黄中渗绿，平铺满盘，意为金玉满盘。具有茶叶的清香，又无蛋的腥味，为蒙顶茶膳名菜之一。

羊肉汤

名山地处丘陵地区，土羊生态养殖，肉质鲜嫩，汤汁鲜美。当地居民有食"早羊肉"的习俗，每日清晨一碗羊肉汤是大多数人的养身美食，一年四季从无间断。

名山卤鸭

名山卤鸭以香、酥、脆、美的特点而闻名，精选本地在无污染环境中生长，以水、草、虾等为主食的土麻鸭为原料，辅以30多种香料，继承和拓展传统工艺，经16道工序精制而成，肉质细嫩，风味独特，乃食用和馈赠之佳品。

九、住宿推荐

1. 福隆大酒店

 地 址：名山区茶都大道 61 号

 电 话：0835-3233999

2. 秀水茗城大酒店

 地 址：名山区滨河路中段 1 号新鹏西康国际 B 栋

 电 话：0835-3530888

3. 好逸 SMART 酒店

 地 址：名山区蒙山大道 58 号

 电 话：0835-5165566

4. 蒙顶山花间堂度假酒店

 地 址：名山区西蒙路 6 号

 电 话：0835-2338888

5. 雅安跃华茶文化酒店

 地 点：名山区蒙顶山大道 560 号

 电 话：0835-3227799

6. 蜀中驿瓦舍旅行酒店

 地 点：名山区陵园路 122 号

 电 话：0835-3226666

7. 茗源嫣坡度假庄园

 地 址：名山区蒙顶山镇

 电 话：0835-3231665

天全县

红色旅游指南

一、天全县概况

县情概况

天全县位于四川盆地西缘，地处二郎山东麓、邛崃山脉南段、康巴文化线东端。东与芦山县、雨城区接壤，南连荥经县，西接泸定县，北邻宝兴县。天全县地理位置险要，古有"西南锁钥、南诏咽喉"之称，国道318线、351线和雅康高速贯穿全境。2020年，全县面积2 390平方千米，常住人口13.2万人，辖7个镇和3个乡。东距成都172千米，西离康定150千米。

天全县属亚热带季风气候，温暖多雨，全年降水量达1 576.1毫米，森林面积270万亩，其间栖息着大熊猫、金丝猴、牛羚、大鲵等数十种国家珍稀保护动物和珙桐、高山杜鹃、连香树等珍稀植物。这里是长江中上游重要的天然生态屏障，被誉为川西南民族走廊、生态走廊，作为首批国家退耕还林示范县、国家主体生态功能区建设试点示范县和大熊猫国家公园的重要组成部分，森林覆盖率达72.19%，空气质量达国家一级标准，水质量达国家二级标准。境内有二郎山、喇叭河、白沙河、红灵山、光头山等风景区，是川西旅游环线上一颗璀璨的明珠。

天全县历史悠久。古为斯榆地（或称徙都），早在新石器时代古徙人在此聚居、劳作、繁衍生息。西汉武帝元鼎六年（公元前111年）置徙县。西晋改徙县为徙阳县，南齐徙阳县改称枞阳县，西魏废帝二年（553年）改枞阳县为始阳县。唐高祖武德元年（618年），唐王朝对蜀地行政区划调整，置杨启县（今天全县）。唐代中叶以后，始为土司统治（高、杨二土司）。清雍正七年（1729年）改土归流，置天全州，州治在今城厢镇，隶雅州府，并于今始阳置分州。民国2年（1913年），废府、州、厅，改天全州为天全县，治地今城厢镇。1939年，西康建省，天全县隶属西康省。1950年2月，天全县人民政府成立，属西康省雅安专区。1955年，西康省并入四川省，天全县隶属四川省雅安专区。2000年，雅安撤地设市，天全县隶属雅安市至今。

天全县文化底蕴丰厚。古有慈朗晓钟、玉垒晴雪、禁关瀑布、碉门夜月、龙头春日、黄鹤夜渡、白岩圣灯、云顶虬松等八景。唐代甘溪坡茶马古道驿站遗址、边茶官库被列为国家级文物保护单位，西湖胜境石牌坊、白君庙、杨家土司祠堂、红

四方面军总部旧址群、天全茶马古道遗址群等 12 处被列为省级文物保护单位。1935 年 6 月，毛泽东、周恩来、朱德等中央领导率领中央红军长征途经天全，与国民党军队浴血奋战。1935 年 11 月至 1936 年 2 月，红四方面军在天全战斗了三个多月，设立红军总司令部和总政治部、红军总医院、红军大学，建立了县、区、乡、村四级苏维埃政权，播下了革命火种，留下了许多红色故事、红色标语、红色遗址。天全既有以杨家土司祠堂为代表的神秘土司文化，又有以满载沧桑的甘溪坡茶马古道

为代表的茶马文化，更有以仁义镇红军村为代表的红色文化，还有以二郎山、喇叭河为代表的生态文化，以及以桥头堡凉拌鸡为代表的特色饮食文化，各种文化形态在这里交相辉映，光彩夺目。

红色文化概况

1935 年，红一方面军强渡大渡河、飞夺泸定桥、激战飞越岭，进入天全县境。在县城老船头与川军杨森部激烈战斗，强渡老船头，攻占了天全县。经过短暂休整、筹集军粮和采购翻越夹金山所需的御寒物资后，红一方面军陆续离开天全，向芦山、宝兴进发，然后翻越夹金山在懋功与红四方面军会师后继续北上。

同年 11 月，红四方面军分为左、中、右 3 个纵队南下，实施《天（全）芦（山）名（山）雅（安）邛（崃）大（邑）战役计划》，右纵队和中纵队近 5 万将士进入天全县境，直至第二年 2 月 15 日红四方面军开始执行《康（定）道（孚）炉（霍）战役计划》，陆续撤离天全，到 2 月 23 日撤离基本结束，红四方面军在天全战斗三个多月。红四方面军南下解放天全后，将红军总司令部、总政治部驻扎在天全县城以北的程家窝（今仁义镇红军村）。同时，在仁义镇（原老场乡）六城村（小

地名白土坎）设立了红四方面军总医院，在仁义镇的红岩村设立了红四方面军红军大学，在思延乡（原属天全县，今属芦山县）设立红军卫生学校，天全因此成为红四方面军实施南下战略的指挥中心、军事干部培训中心、后勤保障和医疗救护中心。红军在天全，不仅展开了与敌人的一场场战斗，建立了天全、太平两个县级红色政权，成立了中共天全县委、天全县苏维埃人民政府，还建立了区、乡、村三级苏维埃政权，加强了群众教育。

此外，党的地下工作也得到建立和发展，并为革命胜利做出突出贡献。1935年初，在成都北区地下党的领导下，中共地下党员席懋昭由仪陇来天全，在灵关小学（现属宝兴县）任校长，隐蔽下来从事革命活动。特别是1935年6月，红军到达灵关以后，席懋昭还奉命护送陈云同志通过重重盘查出色地完成了护送"陈云出川"的光荣任务，演绎了"陈云出川"的惊险故事，为革命做出了突出贡献。

抗日战争时期，在抗日救亡运动的推动下，1944年，成都地区的中共地下党员高仕荣、彭先述，分别在天全中学、始阳师范学校任教，组织进步学生和老师，宣传我党抗日统一战线的方针政策，揭露国民党政府亲日反共的投降主义路线。

解放战争时期，是地下党在天全最活跃的时期。从1946年起，有汉源的中共地下党员吕永弟来到天全，以在始阳师范学校任教为掩护，从事地下工作。1947年，延安地干班派回天全的老红军许光华、罗尚武和由中共川东特委疏散来天全始阳师范学校任教的唐绍虞（化名贾裕斋）等，也在天全隐蔽下来从事党的地下工作。1949年面临全国解放的大好形势，又先后有川西地下党派来的唐开德、李良瑜、黄启勋、刘光庶，中共川东特委派来的罗文清、唐绍虞、陈为珍、黄仲实等，在天全从事地下工作。一直到1949年12月，经中共川东特委驻雅安负责人杨正南批准，天全县开始正式建立党的支部，并发展了胡惠文、叶敬熙、王雪瑶3名新党员。

红军长征在天全经历了许多战斗，千百位红军战士牺牲在这里，天全这片红色的土地上留下的大大小小的革命旧址、遗址、遗迹多达40余处，特别有纪念和教育意义的有：红四方面军总司令部、总政治部驻地旧址和红四方面军总指挥部遗址、徐向前指挥部旧址、

红四方面军红军大学旧址、红四方面军总医院旧址、红四方面军第四军军部驻地旧址、罗炳辉指挥所旧址、中共天全县委机关遗址、天全县苏维埃政府机关遗址、天全县第一次苏维埃工农代表大会遗址、毛泽东长征旧居、中革军委纵队宿营地遗址、中央红军第九军团宿营地旧址、老船头渡口战斗遗址、三谷桩（又称三谷椿）渡口战斗遗址、两路口战斗遗址、切山村阻击战遗址、大岗山战斗遗址、峡口坝阻击战遗址、禾林坝遭遇战遗址、红四方面军盐厂遗址、工农第一小学遗址、工农第二小学旧址、工农小学儿童夜校遗址、工农饭店遗址、吉祥寺红军书报阅读处旧址、天全县烈士陵园、天全县红军纪念馆、红军村牌坊等红军将士驻地和指挥部（所）、战斗遗址、红军标语等。

二、红色景点

红四方面军总司令部、总政治部驻地旧址

红四方面军总司令部、总政治部驻地旧址位于天全县城东北的仁义镇红军村。

1935年11月10日，红四方面军总指挥部参谋长倪志亮、第四军军长许世友率右纵队攻占天全县城。随后，红四方面军总司令部、总

政治部等迁至天全县十八道水程家窝。当时，红四方面军领导张国焘、朱德、徐向前等曾先后在这里指挥红军作战。遗址现存有总司令部、总政治部和一口"红军井"，同时恢复还原了红军大学、红军总医院、红军墙、红军广场、红军行军地图、练兵场等部分场景景观。

红军驻扎在红军村时，曾将总司令部设在村民程秉全家，朱德住前院，张国焘住后院。因经常遭到敌机轰炸，红军在张国焘住所北侧挖有一条10多米长的战壕直通机要连。总政治部设在200多米处的彭银珍家。警卫连住总部西侧民房，卫生院住警卫连北侧。总司令部原址为两个木结构四合院，面积约5 000平方米。总政治部原址为两个木结构四合院瓦房，面积2 000平方米，现有部分房屋已被拆除，其余保存基本完好，墙上还留着"天下为公"的红军标语。旁边有一口井，当年红军在这里住的时候，经常喝井里的水，在这里洗衣服，所以老百姓叫它"红军井"。

2017年9月以来，天全县投资5 100多万元进行红军村一期、二

期打造工程，重点对革命遗址进行了保护和集中打造，对房屋进行了加固和修缮，同时修建雕塑、文化墙、荷塘等红色文化景观。现在的红军村红色氛围十分浓厚，景点内容也较为丰富，讲解内容充分，体验活动多样，同时还配套建了游客接待中心、农家乐、民宿等，旅游服务较为完善，能满足各级各类干部教育和游客在游玩、购物、餐饮、住宿等方面的需求，目前该地为市级党员干部现场教学和文旅融合发展建设示范点。

2004 年 1 月，红四方面军总司令部、总政治部驻地旧址被列为县级文物保护单位；同月，被列为市级第一批文物保护单位；2007 年 7 月，被列为省级文物保护单位；2008 年，中共天全县委、天全县人民政府命名为爱国主义教育基地；2011 年 3 月，中共雅安市委、雅安市人民政府命名为第三批爱国主义教育基地。

三、红色遗址

红四方面军总医院旧址（红军烈士纪念碑）

红四方面军总医院旧址位于天全县仁义镇六城村2组。红军烈士纪念碑位于红四方面军总医院旧址北侧约500米处（小地名木鱼岗）。

1935年11月10日，红四方面军右纵队攻占天全县城，将总医院迁至老场六城白土坎。总医院院长办公室和医疗机构设在胡二莲家，红四方面军总医院院长周光坦、政委张琴秋。

总医院设政治部、医务部、总务处。政治部主管院内的政治工作，设组织科、宣传科、保卫科。医务部负责医伤治病，设西医部、中医部、护士学校，有医生30多人。总务处主管院内的后勤事务，下设库房、伙房、被服厂、洗衣队和担架队。除此之外，总医院下设4个分院，分别设在芦山县双河场岩脚下、芦山县飞仙关、荥经县官

田坝兰院子和宝兴县中坝小关子。后因战事扩大，红军伤员增多，分院增设至 7 个。总医院下属 1 所卫生学校，设在芦山县思延乡铜头村，承担为各分院培养医护人员。

总医院负责收治在大岗山、老君山、朱砂溪等战斗中负伤的红军伤员。初期伤病员不过二三十人，随着战事扩大和天气日渐寒冷，伤病员增多，有时每天多达数百人。当时由于医疗条件差，药物和医疗器械缺乏，部分伤员因得不到及时救治而牺牲。医务人员除救治红军伤病员外，还为老百姓看病治病。

原址为若干民房，面积约 2 万平方米，现为村民住房。2004 年 3 月，中共天全县委、天全县人民政府命名为爱国主义教育基地。

红四方面军红军大学旧址

红四方面军红军大学（简称红军大学）旧址位于天全县仁义镇红岩村3组、4组、7组。

1935年12月初，红军大学迁至天全县红岩坝。红军大学校长刘伯承、政委何畏、教育长张宗逊、政治部主任王新亭、宣传部部长张际春。红军大学利用这个阵地，有计划地提高红四方面军指挥员的军政素质和管理教育部队的能力，耐心地向干部和学员宣传党中央的正确主张，引导他们走上党中央所指引的"团结一致，北上抗日"的正确道路。

红军大学设有高级指挥科、上级指挥科、上级政治科，学制为3个月。张宗逊兼任高级指挥科科长、曹里怀任上级指挥科科长、李井泉任上级政治科科长。1936年1月，增设学制为半年的政治连，连长皮定均、指导员黄志勇、支部书记侯正果，政治连学员大都是红军各

军的支部书记和部分排长。随着办学规模的不断扩大，红军大学把由部队调来的班、排、连干部组成附属步兵学校，设有步、骑、炮、工、辎等多兵种。红军大学和附属步兵学校总人数曾达 1 500 余人，住房、课堂和马圈等由当地老百姓腾房解决。

红军大学在天全办学期间曾创办《红炉》校刊。校刊发行 17 期，开始为四开张（油印），后改为册子，刘伯承亲自书写刊头题词。题词大意为："我们学校是一个红炉，我们学习军事、政治、文化，以及向一切恶劣环境作斗争，克服一切困难，就要在这个红炉中来锻炼。坚强的革命意志就是在通红的炉火中锻炼出来。"1936 年 2 月，红军大学奉命撤离，迁至炉霍。

红军大学旧址由红军大学办公室、刘伯承驻地、红军大学政治部、红军教室、红军标语、红军大学学员住房等组成。1988 年，被列为县级文物保护单位。2004 年 3 月，中共天全县委、天全县人民政府命名为爱国主义教育基地。2007 年，四川省人民政府公布为省级文物保护单位。

中央红军第九军团宿营地旧址（罗炳辉紫石关居住地旧址）

中央红军第九军团宿营地旧址位于天全县喇叭河镇紫石关村。

1935年6月初，中央红军强渡大渡河、飞夺泸定桥之后，一路北上，向天全、芦山、宝兴方向进发。6日，中央红军先遣部队抵达天全县城南河对岸沙坝村时，遭到县城守敌阻击，无法渡过天全河。为了摆脱敌人的追击，迅速实现北上和红四方面军会合的战略目标，中革军委命令先遣部队刘伯承部"以破釜沉舟精神，坚决迅速手段，于6日夜以前不顾一切牺牲渡过天全河"。为了配合先遣部队强渡天全河，毛泽东、周恩来、朱德等中央领导还联名向在泸定断后的红九军团发出"万万火急"电令，要求红九军团星夜夺取天全，挽救危局，接应中央纵队迅速北进与红四方面军会合。

接到中央电令后，重病在身的红九军团军团长罗炳辉立即率领两个主力营火速赶往天全增援。部队由泸定翻马鞍山进入天全县境，在两路口击溃了把守铁索桥的敌军。傍晚，罗炳辉率部到达紫石关新地

头，巧遇正在山上捡柴火的驻守紫石关的敌军士兵。为了不打草惊蛇，突击队员乔装混入敌军捡柴火的士兵中进入敌军紫石关营地，然后里应外合向敌军发起进攻，经过一场激烈拼杀，夺取了敌军紫石关营地。守关敌军李全山团大部被歼，残部沿天全河逃命。

当晚，罗炳辉所部在紫石关街道宿营。凌晨，部队整队出发，迅速抵达天全县城西。接近县城时，之前被击溃的敌军不知红军虚实，恐慌撤退，红九军团战士随即冲入天全城中，迅速击溃了守卫老船头的敌军，与先遣部队一起占领了天全县城。

罗炳辉因带病随队行动，战斗还未结束，忽然眼前发黑晕倒，约 3 小时才清醒。后来他在回忆录中写道：

　　　　辉病沉重旦夕间，中央陷危在天全。

　　　　一息尚存赶营救，赤诚气勇破强敌。

1935 年 11 月，红四方面军南下时，由红四方面军总指挥部参谋长倪志亮、第四军军长许世友等率领的红军南下部队右纵队也途经此地攻打占领了天全。

作为茶马古道上的重要驿站，紫石关村中央红军第九军团宿营地旧址得到了很好的保护，现在原址街道保存完好，两旁房屋为木结构瓦房，仍保留整体原貌。原紫石关"关楼"和红军宿营过的街道经过改造修复后，现成为"乡村旅游度假生态民俗村"。2013 年"4·20"芦山强烈地震以后，当地政府在该遗址附近依山势建起了许多农家小院，房屋建筑颇具川西民俗风格，独栋别院，道路院落树木葱茏，花草丛生，旁边天全河静静流淌，环境优美，空气清新，是体验红军文化、感受长征精神的重要场所，也是理想的消暑度假胜地。

峡口坝阻击战遗址

峡口坝阻击战遗址位于天全县兴业乡峡口村和新场镇丁村村交界处。峡口坝东南西三面为悬空山、仙峰山、观音岗，北面荥经河自东向西从悬空山、仙峰山两山峡谷中流出。峡口坝宽约 1 600 米，长约 2 500 米。

1936 年 2 月，国民党中央军薛岳部调动 8 个团的兵力在飞机的掩护下，从荥经出发向红四方面军第四军驻扎在天全悬空山、仙峰山、营盘口的阵地大举进攻。在敌我力量悬殊的情况下，红军进行了顽强的阻击，全团官兵伤亡三分之二，终因寡不敌众被迫撤离，史称"峡口坝阻击战"。

峡口坝阻击战红军伤亡惨重。团政委胡奇才和几个战士在完成掩护军部转移的任务后，趁着夜色撤离。这次战斗是红四方面军南下在天全战斗中牺牲人数最多，也是异常惨烈的一次战斗。中华人民共和国成立后，当地群众对此次战斗还颇有印象，称"鲜血把整个荥经河都染红了"。

峡口坝阻击战是红四方面军南下从战略防御到战略转移的转折点。

20 世纪 70 年代，修建伏龙大桥后拆除了伏龙铁索桥，现仅存部分桥墩和桥基、伏龙铁索桥东岸桥头阵地的暗堡遗迹，以及血战时敌人在红军桥头阵地后面岩石上留下的弹痕。

2005 年，原新场乡人民政府为缅怀红军英烈，更好地开展爱国主义教育，在丁村村立了"红军烈士纪念碑"。

2015 年 9 月，天全县人民政府再次重修了"峡口阻击战烈士纪念碑"，并建了纪念小广场，整修了游道，方便游客前来缅怀革命英烈。

四、纪念场馆

天全县红军纪念馆

　　天全县红军纪念馆位于天全县城厢镇向阳大道 272 号。纪念馆建筑面积 5 200 平方米，主体建筑设施包括红军纪念碑、红军陈列室、红军艺术墙。

　　2003 年 6 月 2 日，原红四方面军女子营营长、谢觉哉夫人王定国到天全县视察时建议修建天全县红军纪念馆。2004 年 8 月，红军纪念馆苏维埃广场开建。2006 年 5 月，主体工程完成。2008 年 12

月，完成布展并开馆。

红军纪念馆分为 3 个展厅，分别展示了中央红军长征经过天全时战斗、生活的情况；红四方面军南下天全时战斗、生活、建党建政的情况。

馆内藏品有中正式步枪、歪把子轻机枪、重机枪、驳壳枪、火铳、红缨枪等各类枪支和大刀、刺刀、手雷、燃烧弹残片、石刻标语

碑、书籍、布币、各类文献资料等 300 余件实物藏品。红军纪念馆采用现代化科技，场景复原并配备声光电同步演示，突出红军在天全的重大战斗和历史事件，让观众对红军在天全有一个比较生动形象的了解，并从中缅怀革命先辈的历史功绩。

馆前是一块 2 米高、6 米长、0.5 米厚的屏风式大理石浮雕，正面是红军长征的群雕，背面是毛主席《七律·长征》的手迹。

苏维埃广场呈三角形，广场的入口有一高 2 米、面积约 100 平方米的平台。拾阶而上，是一座火炬雕塑。火炬高 7 米，由红色大理石雕琢而成。平台正中台阶的两侧，是两组红军浮雕，生动地再现了红军在天全战斗和生活的情景。沿正中台阶而下，有两组青铜雕塑，一组是红军翻越雪山的群雕，另一组是红军过草地的雕塑。这两组雕塑，再现了红军过天全之后，翻雪山、过草地的艰难历程。

天全县红军纪念馆为四川省爱国主义教育基地、四川省国防教育基地、雅安市中共党史教育基地、武警雅安支队红色教育基地。

天全县烈士陵园

　　天全县烈士陵园位于天全县城厢镇北城村 3 组。1992 年建成，先后 7 次维护和改建，占地面积约 8 313 平方米。布局庄重肃穆，宣传展陈内容丰富，数百台阶直达山顶，松柏掩映，环境清幽。拾阶而上，站在山顶，县城尽收眼底。山脚即县城环城路（九龙路），交通十分方便。

　　陵园中安葬有各个时期牺牲和去世的烈士和英雄。其中有建园初期将老君山、朱砂溪等战斗中牺牲的 300 名红军遗骨集体迁入进行安葬的"红军坟"群墓。2010 年，天全县人民政府将中华人民共和国成立初期修筑二郎山公路牺牲的烈士和为解放、建设西藏运送战略物资在二郎山牺牲的部分汽车兵烈士遗骨迁入陵园，建二郎山

筑路英雄墓群 1 座。天全籍老红军、老一辈无产阶级革命家谢觉
哉同志的秘书高世文夫妇也安葬在这里。

　　陵园山顶耸立着一尊以红军长征为主题的双人石刻雕塑，建
有聂荣臻亲笔题词"红军烈士永垂不朽"的碑文墙和红军坟。除
墓葬以外，天全县烈士陵园内还建有以红军长征为主题的大型浮
雕墙和 110 个红军烈士墓碑。

　　2008 年，中共天全县委、天全县人民政府命名为爱国主义教
育基地。2011 年 3 月，中共雅安市委、雅安市人民政府命名为第
三批爱国主义教育基地。

吉祥寺红军书报阅读处旧址

吉祥寺红军书报阅读处旧址位于天全县城厢镇西城村7组。吉祥寺始建于清康熙年间，是一座典型的川西四合院建筑，院内条石砌坎，院坝室内外地坪由石板铺设。墙壁均为木板所镶，顶棚绘有彩绘壁画，众多壁画具有极高的艺术价值，是天全独具特色的古建筑。1926年，该寺改建为图书馆，名为"永慎图书馆"。1929年改名为"天全图书馆"。

1935年6月初，中央红军占领天全县城后，在天全短暂休整。第二天，红三军团第十三团政委张爱萍听说天全县有个图书馆，于是相约团长彭雪枫一道到图书馆阅读书报。他们在这里翻看《大公报》的时候，接连看到了许多篇署名范长江的文章，一时被他优美的文采所吸引。此时，张爱萍、彭雪枫和范长江还不相识，正是这一次读报开始知道了范长江，喜欢上了范长江，并在以后认识了范长江，与他建立了深厚的友谊，同时也因这次读

报记住了天全图书馆。东方鹤在《张爱萍传》一书中生动地记下了张爱萍、彭雪枫在此读报的情形。

2004年10月，为纪念张爱萍、彭雪枫将军在此读报的历史，天全县人民政府拨款对吉祥寺进行了修复，并征地3.8亩扩建了场地，同时将此地更名为"天全红军图书馆"。同年11月，张爱萍将军的女儿张小艾来到天全参观，并带来了许多有关张爱萍和彭雪枫两位将军的书、画册。2005年6月，张爱萍夫人李又兰建议将"天全红军图书馆"更名为"红军爱雪图书馆"，并亲笔题写了馆名，以此纪念张爱萍、彭雪枫两位将军。

2013年，该图书馆在"4·20"芦山强烈地震时，建筑物受到一定程度的破坏，中共天全县委、天全县人民政府再次拨专款进行了修复，并塑立了张爱萍和彭雪枫将军阅读报纸的铜像。

五、主题故事

王定国徒手挖出"红军井"

1935年11月10日，红军翻越夹金山，谢觉哉的夫人王定国随部队进驻仁义镇程家窝。因程家窝属丘陵地形，又没有任何水利设施，极度缺水，当地群众都靠雨水和稻田里的水维持生活。近万名红军战士只能在水田里取水，严峻的缺水形势，让生活变得十分艰难。

进村第二天下午4时，王定国和几名红军战士做完宣传工作归来，发现这里青草茂盛，直觉告诉她：这下面一定有水源。于是他们清除杂草，用锄头、刺刀等工具往下挖，徒手刨出泥土和石块。挖至1米多深时，水从地下渗了出来。看见水，红军战士挖得更带劲儿了，有个红军战士连手指划破了也没有感觉到。等了一会儿，地下冒出越来越多的清凉水。王定国赶忙到老乡家借来了刷把，把四周的泥土、石块、杂草都清理干净。战士们齐心协力地挖了两个多小时，大家挖得满头大汗。水井挖了近2米深时，井水不断涌出，大家欢呼雀跃、奔走相告，"终于有水吃了，终于有水吃了……"

虽然天色已晚，红军却把来之不易的井水送给伤员，送给战士，送给村里的群众，就像打了一场大胜仗一样，这甘甜清凉的井水就是他们的战利品。

红军离开后，人们便把这口井叫作"红军井"。如今，井水依然甘甜可口。2004年，90高龄的王定国老人重走长征路来到程家窝，会见了当时的儿童团员，深情地讲起她和战友们一起徒手挖出"红军井"的故事。

老大娘捐棺葬红军

1935 年 11 月，红四方面军抵达天全，在仁义镇的白土坎设立了红军总医院，前线的伤病员大都转到这里治疗。在众多的伤病员中，有一个令人难以忘怀的张指导员。

张指导员是四川人，20 岁参加革命队伍后，在血与火的考验中，逐渐成熟，经过在毛儿盖红军大学的学习后，由排长提为连指导员。在一次战斗中，他不幸负伤，身中七弹，被送到白土坎红军总医院治疗。由于当时国民党对天全、芦山、宝兴等采取军事"围剿"和经济封锁，白土坎红军总医院设备很差，药品奇缺，给伤病员的医疗和手术带来极大的困难。

入院后，张指导员在病床上躺了三天。尽管伤情十分严重，但他依靠顽强的意志，艰难地撑着拐杖，拖着已失去知觉的右腿，到别的病房去看望战友。每天该吃的消炎止痛药，他也舍不得吃，背着医生，悄悄地把药给了其他伤病员。他对战友们说："我是不行了，你把药吃了吧！伤好后，上前线多多消灭白匪军！"

在白土坎治伤期间，张指导员还常挂着拐杖到附近的老百姓家中，一面烤火，一面给他们讲革命道理。不长时间，他就和当地的群众建立了亲密的关系。他常对乡亲们说："革命成功后，人民就会当家作主，没有地主土豪来剥削压迫，我们的生活就会好的。你们要相信共产党，相信红军，我们一定能打败蒋介石，革命是一定会取得胜利的！"

在白土坎红军总医院不到一个月，张指导员身上的伤口开始红肿化脓，但他仍舍不得用药，常用红岩坝当地生产的盐化在水里洗一洗伤口。每天分配的粥，他也只喝一点点，把剩下的都给了别的伤员。

因伤口严重恶化，张指导员不幸牺牲。当地老百姓听到这一消息，都伤心地流下了泪水。有一位老大娘硬把准备自己用的棺材献出来，请了几个乡亲协助医院把张指导员抬到白土坎的高坡上埋葬了。她逢人便说："这世上只有红军中才有这样的好人。"

许世友夜袭大岗山

开国上将许世友随军南下，曾以夜袭方式打下天全县城。

1935年11月8日，南下红军右纵队先头部队红四军前锋抵天全县的紫石关，与川军二十四军袁国瑞旅接触。由于红军进军神速，守敌惊慌失措，应战不及，有的举枪投降，有的狼狈向天全县城逃去。天全守敌郭勋祺为了稳住阵脚，亲自到天全城郊督袁旅夺回阵地。

午后13时左右，红十二师进逼天全城郊，在大岗山西面与川军"模范师"二旅徐元勋团激战。敌人在小河东岸和大岗山上构筑了工事，并以猛烈的机枪火力控制着河面和桥头，红军多次冲锋都被压了回来。

许世友见强攻不成，即令红十二师暂停攻击，派该师三十六团的交通队（即侦察连），由当地农民做向导，夜晚从侧翼偷袭大岗山敌军营地。

是日半夜，交通队摸上山时，徐团二营营部卫兵未发觉，敌兵有的在烤火，有的在做饭，红军立即将其包围缴械，俘虏了敌营长周曼生以下官兵数十人。交通队对空放出偷袭成功信号，许世友立即发出攻击令。交通队则配合西岸主力部队，从敌后猛击河东岸守敌，敌军腹背受创，不知红军虚实，急忙撤出河边阵地，退守山顶。西岸红十二师、十一师乘机涉水过河，在大岗山与徐团激战，该团大部被歼，余敌弃阵溃逃。

战斗中，交通队队长刘良湘和三十六团三营政委邹树正壮烈牺牲。

王近山大败郭勋祺

开国中将王近山打起仗来身先士卒，舍生忘死，骁勇顽强，人送外号——"王疯子"。

"纵有红军数万，也难飞过天全"，川军"模范师"师长郭勋祺曾夸下海口。可他万万没想到，他遇到了战神王近山。王近山仅用两天时间，就打败了他这个"牛皮大王"。

1935年11月8日深夜，南下红军红十师师长王近山率部由当地群众带路，从天全河浅滩处涉水过河，于9日拂晓夺取了天全城南浮桥，并立即向城内守敌手枪营发起进攻，歼其一部，击毙敌营长和敌连长等。经过鏖战，红军攻入东南旧城，占领了敌军师部。郭勋祺听闻红军已堵住师部前门时，大惊之下急忙从后面越墙逃跑，险些当了俘虏。郭勋祺逃到梅子坡，令第三旅凌谏涵团收复天全县城，令刘绍斋团从大岗山北侧向大岗山反攻，援救徐元勋团。

一场激烈的白刃战便在大岗山东面山腰及城内展开。红十师向西攻徐元勋团背侧，向东北进攻凌谏涵团。红十二师从大岗山居高凌下，俯冲刘绍斋团。红十一师从南正道猛攻新城，形成围歼态势。红军战士英勇无比，打得徐、凌、刘3个团死伤累累，溃不成军。

郭勋祺见大势已去，即于11月10日晨率部退向三江口、飞仙关。

南下红军于当日胜利占领天全县城。

可爱的小红军

小红军名叫王小军，小红军是当地老百姓对他的爱称。他从小就失去了父母，小小年纪便受尽了人间的苦难，15岁就参加了红军。一次他在前线不幸负伤，转送到白土坎红军总医院治疗。小红军虽然负了伤，可他仍然乐观，充满朝气，活泼可爱。据说刚参加红军时，他还经常哭鼻子，闹情绪呢！这一次负伤，连长要他转到后方治疗，他又哭了一次鼻子。

来到白土坎红军总医院，他整天总是忙个不停，不是帮助护士洗绷带，就是为其他伤员送药、倒水，有时还为伤病员唱歌解闷，或帮助附近人家干点轻松的农活，好像不曾负过伤似的。伤病员和当地群众都十分喜爱他。

在一个寒风刺骨的夜晚，小红军起来小便，看见附近一家老百姓的房子着火了。他一下子忘了自己的伤痛，一边朝着火场奔去，一边高喊"打火喽！打火喽！"。小红军跑到房门前一推，发现门从里面闩着，他也不知是从哪里来的一股劲，上前一脚就把门踹开了。冲进门后，满屋的浓烟熏得他睁不开眼，脸被火焰灼得十分疼痛。突然他发觉自己被绊了一下，俯身一摸，是一个老大娘，他立即将她抱起，冲出门外。这时屋里又传来一个老大爷痛苦的呻吟，他又冲进了火海。这时，一根烧断的屋梁落下来，砸在小红军的头上，他倒下了……

当群众把火扑灭，发现小红军的遗体时，大家悲痛欲绝……

一枚银元——一名红军政委最后的党费

　　1935年11月8日，南下红军右纵队先头部队在天全城西沙坪至小河一线，遭到敌方郭勋祺部的抵抗。许世友赶到天全城西沙坪时，红十二师的战士正在与川军"模范师"激战。许世友站在虱子岗上，用望远镜迅速察看了附近的地形，发现川军"模范师"在河东岸及大岗山构筑了大量工事，以猛烈的机枪火力控制着河面和铁索桥。

　　居高临下的地势对红军极为不利。红十二师先头部队发起的多次进攻，都被川军"模范师"压了回来。许世友立即命令红十二师停止进攻，派交通队从侧面迂回，进行夜袭。当晚，红十二师第三十六团第三营政委邹树正和交通队队长刘良湘率领交通队伪装成川军，兵分两路，由当地群众姜希福、周绍轩做向导。一路从坛罐窑涉水过沙坪河，从牛栏头直袭礁窝坪、瓦窑坡之川军；另一路从大洼头涉水过河，从茶房上攀木根岩登上大岗坪。是夜，许世友在朦胧的月光下目送交通队消失在夜幕中。

　　几小时后，大岗山南麓亮起了两个火点，这是交通队发来的进攻

要以冷杉、铁杉、天师栗、油樟、云杉、峨眉冷杉等长绿树种构成，同时有各种槭树、水青树、连香树、美容杜鹃伴生，因树种不同，物候多样，使森林四季色彩斑斓，五彩缤纷，犹如一幅天然织成的大壮锦。

二郎山风景区

　　二郎山风景区位于天全县最西端，与甘孜藏族自治州接壤的二郎山。景区风景秀丽，空气清新，被称为天然氧吧。1950年2月，中国人民解放军步兵第十八军第五五五团解放天全后，为了打通四川通往藏族地区的公路，一边打仗，一边修筑二郎山公路。英勇无畏的解放军战士冒着缺氧和严寒，在陡峭的悬崖上用铁锤打炮眼，用双手抱、以肩扛，用铁棒撬，用爆炸效能很低的黑火药炸，在悬崖绝壁上凿出了一道能通行货车的山道，创造了世界公路史上的奇迹，谱写了享誉世界的二郎山颂歌。

紫石关生态民俗村

　　紫石关生态民俗村位于天全县喇叭河镇紫石关村，全村有 43 户人家。该村在 2005 年由水利部正式确定为国家"以电代柴"示范点后，普及了电气化。景区内建有游客接待中心和紫石关关楼、民俗古街、茶马古道驿站、主题雕塑等文化景观，小桥流水在村中缓缓流淌。村子背靠风景秀丽的红灵山，前临清澈透明、蜿蜒湍急的天全河，全村所有房屋均按山区川西民俗风情统一进行改造，是观光旅游和生态度假、避暑休闲的理想之地。

龙湾湖生态旅游风景区

  龙湾湖生态旅游风景区位于天全县城厢镇的天全河畔。"4·20"芦山强烈地震后，中共天全县委、天全县人民政府为振兴天全的生态经济而引资修建。景区由广场、观景台、各种凉亭和游道组成，于 2014 年 4 月 20 日动工修建，2015 年 4 月20 日竣工。

慈郎湖湿地公园

慈郎湖湿地公园位于天全县城厢镇向阳村。2014 年，中共天全县委、天全县人民政府为发展天全独具特色的生态旅游经济，引资将白沙河之水从小河镇打山洞 1.6 千米穿越大岗山进入景区，建造成水在城中流、城在水中映、人在水中行、山在水中游的神奇境地。

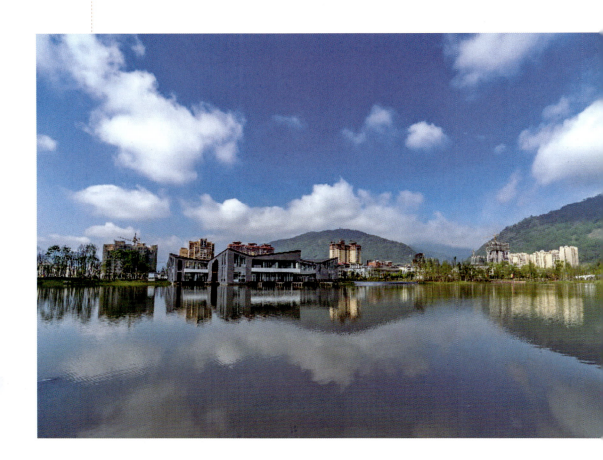

七、旅游线路

（一）红色旅游线路

1. 南北旅游线路

峡口坝阻击战遗址—三谷桩渡口战斗遗址—中央红军第九军团宿营地旧址—吉祥寺红军书报阅读处旧址—老船头渡口战斗遗址—天全县红军纪念馆—天全县烈士陵园—红军村—红四方面军总医院旧址—红四方面军红军大学旧址—铜头大桥出天全至芦山

2. 东西旅游线路

南天新镇—飞仙关吊桥—三谷桩渡口战斗遗址—中央红军第九军团宿营地旧址—天全县红军纪念馆—老船头渡口战斗遗址—天全县烈士陵园—吉祥寺红军书报阅读处旧址—翻二郎山至泸定

（二）四季旅游推荐

春：多彩杜鹃、珙桐（鸽子花）观赏游

推荐地点：二郎山风景区、喇叭河风景区、光头山万亩杜鹃

夏：生态休闲避暑度假游

推荐地点：二郎山风景区、喇叭河风景区、白沙河风景区、红灵山风景区、南天新镇、凤翔新村、紫石关生态民俗村

秋：金秋红叶观赏游

推荐地点：喇叭河风景区、二郎山风景区、白沙河风景区、红灵山风景区

冬：冰雪山川观赏游

推荐地点：二郎山风景区、喇叭河风景区（高山滑雪）

（三）旅游线路建议

1. 特色文化旅游线路

始阳镇破磷村石头寨—天全县城—小河镇甘溪坡二郎山茶马古道—喇叭河镇紫石关村茶马古驿站

2. 生态观赏旅游线路

天全县城—喇叭河镇紫石关村—喇叭河风景区

3. 灾后重建旅游线路

始阳镇南天新镇—始阳镇凤翔新民小区—思经镇竹海鱼乡—城厢镇龙湾湖、慈郎湖—喇叭河镇紫石关村

八、美食特产

天全香谷米

天全香谷米史载为贡米，是天全县"十八道水"的特产。米呈纺锤形，米质洁白、柔嫩，营养丰富。蒸煮普通米饭时，加入一小撮，米饭变得洁白滋润、芳香四溢、沁人心脾、诱人食欲。是孕妇、婴儿、病人的理想食品。

天全竹笋

天全地处高山地区，森林面积广，盛产竹笋，除出售鲜笋以外，还加工制作为干笋和即食食品。目前主要开发的笋制品有红油鲜笋、盐渍笋、竹笋干及鲜笋系列产品。

天全笋干是以笋为原料，通过去壳切根修整、高温蒸煮、清水浸漂、压榨成型处理、烘干、整形包装等多道工序精制而成。色泽黄亮、肉质肥嫩，含有丰富的蛋白质、纤维素、氨基酸等微量元素，低脂肪、低糖、多膳食纤维的特点有助食、开胃之功效。可增进食欲、防便秘、清凉败毒，是深受广大消费者欢迎的纯天然健康食品。

天全猕猴桃果酒

猕猴桃营养价值高，鲜食时甜中带有特殊酸味，素有"维生素C王"之称。天全猕猴桃资源丰富，种类繁多，主要有红心果、黄心果等。天全人工种植猕猴桃主要以鲜果形式出售，此外还有相当一部分用于生产猕猴桃果酒。现有猕猴桃酒加工作坊15家，年加工猕猴桃酒40余吨，主要销往成都、重庆等地。其中"欣妙"牌猕猴桃果酒系列产品享誉省内外，也是天全的重要特产。

天全茶叶

天全县属于高山地区，气候温和湿润，种茶历史悠久，茶叶品质优良。茶叶种植在高海拔地区，绿色天然，无污染，是被

有关部门认证的特色有机茶。主要产品有红茶、绿茶、藏茶、乌茶等，特色产品有毛峰、黄芽、甘露、竹叶青等。

天全腊肉

　　天全腊肉是典型的川西腊肉，选用山区农村粮食喂养猪的肉，经过传统烟熏火烤制作而成，外面黝黑，肉质肥而不腻，香甜可口。天全腊肉具有原生态、无饲料喂养等特点。

天全天麻

　　天全地处山区，适宜天麻生长，盛产野生天麻。天全天麻是天全除川牛膝、黄檗、杜仲、山药等之外最著名的中药材。现有四川同善堂中药饮片有限责任公司生产的天麻等中药制品在市场销售。

二郎山山药

二郎山山药是薯蓣属植物山药中的上乘佳品，由野生山药经人工培育而成。该山药植株最长可达 3 米以上，多分枝，叶片绿色。块茎圆柱形，表皮浅褐色，密生须根。肉白质紧，粉足黏性强，久煮不散。块茎最长可达 100 厘米，直径 5~15 厘米。单株块茎重 1.5 千克，重者 3~5 千克。二郎山山药生长期短（8 个月），产量高（平均亩产 4 000~5 000 千克）。

近年来，围绕农业产业结构的调整，天全大力发展山药生产，现已建成千亩山药生态园，年产量近 500 万千克，建成集生产、加工、销售为一体的全省闻名的山药之乡。现有西蜀雅禾公司生产的"雅山药"系列产品，深受消费者喜爱。

天全香菇

香菇又名花菇、猴头菇、香蕈、香信、香菌、冬菇、香菰，为侧耳科植物香蕈的子实体。香菇是世界第二大食用菌，也是我国特产之一，在民间素有"山珍"之称。它是一种生长在木材上的真菌，味道鲜美，香气沁人，营养丰富。香菇富含维生素 B 群、铁、钾、维生素 D 原（经日晒后转成维生素 D），味甘，性平。主治食欲减退，少气乏力。香菇是高蛋白、低脂肪的营养保健食品。天

全地处四川盆地西缘，气候温和，雨量充沛，空气湿润，丰富的森林资源很适合菌类生长。很早以前，天全人民就有培植香菇的历史。天全香菇菇大、肉厚、脆嫩，不仅味道鲜美、营养丰富，还有很高的药用价值，是天全享誉国内外的特产之一。

桥头堡凉拌鸡

桥头堡凉拌鸡传统制作技艺，据悉传于清末的家厨。于 20 世纪 80 年代在天全县城区西禁桥头开设的"桥头饭店"，因当地人的称呼习惯，借用所处地理位置"桥头堡"三个字为代称，流传至今。"桥头堡"只卖两样食品：凉拌鸡和鸡汤抄手（馄饨）。其中，凉拌鸡是以农家散养的土鸡作原料，佐以家传炒制的麻辣香甜的汁水，深受食客的追捧。2011 年，桥头堡凉拌鸡传统制作技艺进入第三批四川省非物质文化遗产名录。传承人徐维映为省级非遗项目代表性传承人。传承人高志雄为县级非遗项目代表性传承人。

天全土司宴

天全土司宴源于天全土司文化，保持以原始烧烤菜品为基础，坚持以传统"九大碗"菜系为根本，利用天全生态、环保的肉、禽、蛋和蔬菜等天然食材，融合传统川菜煎、炒、蒸、煮等烹调方法，不断发展丰富，传承至今。独特装盘方式，养身、养颜、滋补的健康菜品色香味俱全，民间有"不吃土司宴，不算到天全"之说。

九、住宿推荐

1. 二郎山宾馆

地　　　址：天全县城厢镇安居南路

宾馆总机：0835-8686666

销售电话：0835-8686661　0835-8686662

2. 川达宾馆

地　　址：天全县城厢镇广建北路

电　　话：0835-7224888

3. 明康大酒店

地　　址：天全县城厢镇向阳大道南侧

电　　话：0835-7393666

4. 欣妙酒庄

地　　址：天全县城厢镇中大街

电　　话：0835-7222829

5. 和瑞逸雅精品酒店

地　　址：天全县城厢镇建材北路

电　　话：0835-7222333

6. 茗雅商务酒店

地　　址：天全县城厢镇滨河路

电　　话：13281998959

7. 瑞耀假日酒店

地　　址：天全县城厢镇洪川北路

电　　话：0835-7229988

8. 华荣酒店

地　　址：天全县城厢镇安居南路

电　　话：0835-7392111

9. 芝兰中心商务酒店

地　　址：天全县音乐广场

电　　话：13541421725

10. 泰来商务酒店

地　　址：天全县城厢镇东城街西路口

电　　话：0835-7393333

11. 天逸嘉诚酒店

地　　址：天全县城厢镇向阳大道文体中心斜对面

电　　话：0835-7222777

芦山县

红色旅游指南

一、芦山县概况

县情概况

芦山县位于四川盆周山区西缘，雅安市北部，青衣江上游，东南与雨城区接壤，西南与天全县相连，西北与宝兴县为邻，北与汶川县连界，东北与大邑县、邛崃市毗邻，是"5·12"汶川特大地震全国51个重灾县之一，是"4·20"芦山强烈地震唯一极重灾县。全县面积1 166平方千米，辖1个街道、6个镇、1个乡、7个社区、26个行政村，2020年末总人口9.98万人。县城距雅安市区33千米，距成都156千米。

芦山是历史文化名城。秦并巴蜀之际建县，距今已有2 300多年的历史，传说县城因系三国时蜀汉大将姜维屯兵时所筑，故又称"姜城"。县内有全国重点文物保护单位樊敏阙及石刻、平襄楼、青龙寺大殿和省级文物保护单位王晖石棺。八月彩楼会（包括芦山花灯和芦山庆坛）被列入四川省首批非物质文化遗产名录。县博物馆馆藏文物9 000余件，尤以汉代文物闻名海内外，汉代石兽占全国同类文物数量的一半以上，因此芦山有"汉代文物之乡"的美誉。1992年，芦山被四川省人民政府命名为历史文化名城。

芦山是革命老区。1935年至1936年，仅南下红军就在此屯驻108天，建立了中共四川省委、四川省苏维埃等红色政权，带领芦山人民开展了轰轰烈烈的革命斗争。芦山人民也为中国革命胜利做出了突出的贡献，先后为红军筹集粮食170余万千克，1 330多名芦山儿女参加红军。1986年，芦山县被批准为革命老区。

芦山是雕刻文化之乡。芦山雕刻工艺源远流长，郭沫若曾题诗赞誉"西蜀由来多名工，芦山僻地竞尔雄"。从石刻到根雕，通过数十年的培育、发展，创下了全国乌木根雕第一的美誉，芦山已成为闻名遐迩的雕刻文化之乡。2013年1月，芦山被中国工艺美术协会授予中国乌木根雕艺术之都。

芦山是风景名胜宝地。芦山县位于神秘的北纬30°，属亚热带内陆湿润气候，年降雨量1 313.1毫米，年日照926.5小时，年平均气温15.2°，森林覆盖率76.6%。地势自南向北逐渐增高，最低海拔671米，最高海拔5 348米。境内多峡谷高山，500余条大小河流在山谷间穿行，蕴藏着原始森林、大雪峰、万亩杜鹃林、鸳鸯池、四方草甸等众多迷人景观。1998年6月，"灵鹫山—大雪峰"被四川省人民政府命名为省级风景名胜区。龙门洞、石刀溶洞是白垩纪砾岩溶洞；围塔漏斗是世界上迄今为止已发现的最大的有人居住的地质漏斗。全县已创建4个国家AAAA级旅游景区。

红色文化概况

1935 年 6 月 7 日，中央红军先遣部队经天全十八道水、老场等地向芦山进军。川军王泽浚从汉源县急驰芦山，企图阻击中央红军。6 月 8 日凌晨，从思延进入周村岗山下埋伏的红军与之前化装成难民混入城西埋伏的红军一起，向驻防在周村岗山上的王泽浚守敌和驻芦山县城的旅部发起突然攻击，消灭其两个连，迫使敌人仓皇放弃县城。红一、三军团所部占领县城。8 日，红九军团也进入芦山县。6 月 9 日起，中央红军为执行党中央和军委发布的"迅速北上同四方面军会合"的指示，分兵两路，昼夜兼程从芦山县过境北上。中央红军过境期间，聂荣臻、林彪、杨尚昆、彭德怀、罗炳辉、何长工等军团旅首长进入芦山县城指挥部队，开展了大量的鼓动宣传工作。

同年 10 月 20 日，南下红军发起《天（全）芦（山）名（山）雅（安）邛（崃）大（邑）战役计划》。11 月 1 日，以红三十军、红三十一军第九十三师、红九军第二十五师组成的中纵队主力部队，进入

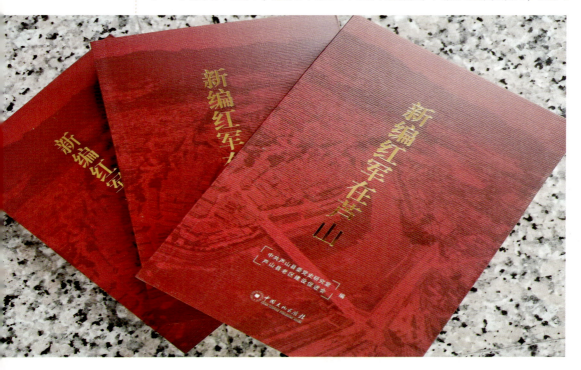

距芦山县 15 千米之双河场。然后分兵两路：红三十军向北行动，占领太平场、宝盛场进入邛崃、雅安县境；红三十一军第九十三师、红九军第二十五师向南行动，主攻芦山县城。11 月 2 日起，攻占芦山城的战斗在县城以北 6 千米的任家坝展开。双方在任家坝东部边沿地带的曹家山、七里山、尖峰顶等地展开了激烈的战斗，敌军曾几次出动飞机助战，在红军英勇顽强的攻势下，任家坝守敌川军教导师第一旅被红军击溃。红军在任家坝战斗受阻的情况下，改向东北青龙场推进，在青龙场至王家坝同敌军激战，获得大捷。5 日前后，红军进攻至城下，此时打算败逃的国民党军在城内抢劫，造成火灾。芦山城东街被焚。敌军师部驻地起火，敌军惊恐，防线更加动摇。北线方面，11 月 7 日，红军前锋进抵大邑、邛崃县境。10 日，以红三十二军、红四军组成的右纵队攻占了天全县城，红四军协同中纵队包围芦山。芦山县城守敌陷入四面楚歌的境地。11 日，红军从北、东、西三面包围芦山县城，当夜发起总攻。川军教导师弃城而逃。12 日，红军占领了芦山县城。

芦山战斗结束和百丈关战役后，红军着手开辟天全、芦山、宝兴苏区。朱德、刘伯承、徐向前、陈昌浩、王维舟、李先念、傅钟、熊国炳等党政军领导先后到达芦山领导开展了打土豪、分田地的工作。红四方面军所属党政军领导机关和后方机关也先后迁入芦山县城及附近地区。经查证：红军总司令部驻任家坝，红四方面军总指挥部驻双河场（后迁任家坝石家沟），中共四川省委、四川省苏维埃、抗日救国同盟、中国工农红军总政治部、国家保卫局等驻芦山县城。同时县境内还驻有代号为"提高""潮山""拔起""漳树""德城""汤木"的红军政治部，以及红军卫校、医院、剧团、供给部等后方机关。

中共芦山县委、芦山县人民政府依托芦山丰富的红色旅游资源，打造了红军总司令部驻地旧址，红四方面军总指挥部旧址，中共四川省委机关旧址，四川省苏维埃政府机关旧址，四川省第一次苏维埃代表大会旧址，中共四川省委党校旧址，抗日救国同盟旧址，少共四川省委机关遗址，四川省苏维埃保卫局机关旧址，中共芦山县委机关旧址，红四方面军漳树政治部驻地旧址，红四方面军扶炎政治部驻地旧址，红四方面军第三十军军部驻地旧址，

红四方面军第二十七师师部驻地旧址，芦山县苏维埃政府机关遗址，少共芦山县委机关遗址，芦阳市苏维埃政府机关旧址，中共太平县委机关旧址，太平区苏维埃政府机关遗址，太平乡苏维埃政府机关旧址，同盟村苏维埃政府旧址，中国工农红军总卫生部及直属卫生学校遗址，中国工农红军卫生学校附属医院旧址，中国工农红军卫生学校附属医院药房旧址，红四方面军第三十军军医院旧址，红四方面军第九军军医院旧址，红四方面军大川战地医院旧址，工农医药社遗址，忠诚寺军工厂遗址，红军茶厂遗址，中央新剧团旧址，"优待俘虏、欢迎参加红军"大会遗址，新兵营训练旧址，贺诚长征旧居，太平县第二区委旧址，大川镇红山岗上的战壕及土碉堡遗址，太平镇铁索桥红四方面军标语，飞仙关界牌红军标语，堰坎村红四方面军标语，太平场红四方面军标语，袁家大院及红军标语，宝盛乡公议场红四方面军标语，宝盛乡鱼泉峡五通碑红军标语，宝盛乡寿相桥功德五通碑红军标语，思延乡周村红军标语，芦山县城战斗遗址，双河场战斗遗址，周村岗战斗遗址，七里山战斗遗址，青龙场战斗遗址，大川场战斗遗址，镇西山战斗遗址，太平场战斗遗址，灵鹫山红军小道，三江口战斗遗址，铜头村红军墓群，同盟村红军墓，红九军医院烈士墓群，七里山红军烈士墓群，大川场横山岗杨连长、王排长烈士墓，芦山县红军广场，芦山县博物馆——红军文物展厅，红军碑馆，乐以琴故居及陈列馆等一系列红色旅游景点，出版了《新编红军在芦山》、拍摄了《抗战英雄乐以琴》等系列文化书籍影像，举办了"芦山县红色民俗节"等系列活动，旅游产业逐步走上良性发展轨道，取得了一定成效。

二、红色景点

古城坪红四方面军第三十军军部驻地旧址

古城坪红四方面军第三十军军部驻地旧址位于芦山县龙门镇古城坪村古城坪组 130 号。

1935 年 11 月初，红四方面军中纵队第三十军奉命从天全县灵关进入双河场,向北占领太平场、宝盛场进入邛崃、雅安县境。红三十军第八十八师、红九军第二十五师第七十三团、第三十一军第九十三师从

东、北、西南三面夹击固守在青龙场的国民党强敌石照益旅。红军在甘溪坝、石山寺一带与敌军经过激战，全歼石照益2个团。朱德总司令铭文称赞："青龙场的战斗是天芦战役中的模范战例。"青龙场战斗后，红三十军将其军部先设青龙场，后迁驻龙门镇古城坪张继武、张继汤、张继禹三农户家。军长程世才（代理）、政委李先念、参谋长李天佑（后黄鹄显代）、政治部主任李天焕。第三十军军部下设司令部、政治部、经理处、军医院和一个包括炮兵、侦察、通讯、警卫等分队的特务营。第三十军下辖第八十八师、第八十九师、第九十师。1936年2月，第三十军撤离芦山县，经宝兴县翻夹金山北上抗日。

原址为3个四合院，面积分别为743、945、972平方米，现存2个四合院。2005年4月，芦山县人民政府批准为县级文物保护单位。2007年6月，四川省人民政府公布为四川省第七批文物保护单位。2005年4月，中共芦山县委命名为爱国主义教育基地。2008年12月，中共雅安市委、雅安市人民政府命名为爱国主义教育基地。2015年，被中共雅安市委党史研究史命名为雅安市中共党史教育基地。

三、红色遗址

任家坝红军总司令部驻地旧址

　　任家坝红军总司令部驻地旧址位于芦山县芦阳街道仁加村协和组。

　　1936年1月16日至2月13日，红军总司令部由天全县程家窝迁驻芦山县任家坝石家沟。红军总司令朱德、总政委张国焘等红军领导居住在苏成烈家的四合院内及周边农户家。为防国民党敌机的空袭，红军在总司令部西北、东南方向挖有3个防空洞，每个防空洞可容纳数十人。现残存两个直径50厘米左右的洞口。

　　原址苏成烈家为木结构四合院瓦房，面积800平方米，现较破旧，仅存石板天井及东面旧房一角。2005年4月，被中共芦山县委、芦山县人民政府公布为县级文物保护单位和爱国主义教育基地。2007年6月，被四川省人民政府公布为省级文物保护单位。2008年12月，被中共雅安市委、雅安市人民政府命名为爱国主义教育基地。在"4·20"芦山强烈地震灾后恢复重建中，原址旁边新建了红军广场、红军长征展板和红色文化大舞台。

双河场红四方面军总指挥部旧址

双河场红四方面军总指挥部旧址位于芦山县双石镇双河村。

1935 年 11 月初，红四方面军总指挥部设在双河场。红四方面军住在马家大院，朱德也曾到此开会作过重要讲话。重庆涪陵籍红军战士彭家模在目睹敌人残酷杀害革命同志与无辜民众后，曾在此处南侧二楼一石灰墙壁上写下题壁诗。全诗 24 行，毛笔竖写行书。全诗面积宽 100 厘米、高 60 厘米，每字约 3 平方厘米。内容为："别了我的故乡，离情别恨，莫缭绕我的征裳；国泪乡愁，莫羁绊我的戎装。我要先踏上妖氛弥漫的战场，把我的热血与头颅，贡献给多敌多难的党、国与故乡！听呀，江水呜咽，胡骑悲秋；看呀，河山破碎，血染巴州。可怜我川西无辜的民众啊，名、天、宝暴骨无人收！别了我的故乡，感谢你饯行的三杯美酒，从此长征去，奋勇杀

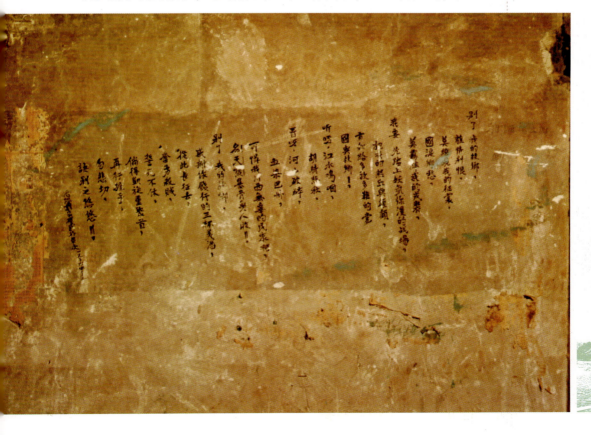

贼，誓死不休！倘得凯旋重聚首，再行握手。勿悲切，诀别之悠悠。"

原址为穿斗式木结构瓦房，面积300平方米，现保存完整。2005年4月，被中共芦山县委、芦山县人民政府命名为爱国主义教育基地。2007年6月，被四川省人民政府公布为四川省第七批文物保护单位。2008年12月，被中共雅安市委、雅安市人民政府命名为爱国主义教育基地。

抗日救国同盟旧址

抗日救国同盟旧址位于芦山县芦阳街道汉嘉社区北街中段天主教堂。

1935年11月，红四方面军中纵队攻占芦山县。随后成立抗日救国同盟（又称抗日救国会），王维舟任抗日救国同盟主席。驻地设在芦山县城北街天主教堂里。抗日救国同盟是在党的领导下，以工农劳苦群众为基础，吸收广大的城市小资产阶级、中小商人、学生和自由职业者参加的抗日救国统一战线的群众组织，其主要任务是宣传抗日反蒋、武装斗争、支援红军等。抗日救国同盟组建了抗日救国军，王维舟任抗日救国军总指挥。红军在芦山期间，由于流行瘟疫，王维舟在县城四门四街设中国工农红军药店，并收集民间药方，实行"富者全收，中农半价，贫民全免"的收费方式，为军民医治瘟疫，受到群众欢迎。

原址为砖木结构空斗墙建筑，面积180平方米，现保存基本完好。1985年1月，被芦山县人民政府公布为县级文物保护单位。

堰坎村红四方面军标语

堰坎村红四方面军标语位于芦山县飞仙关镇飞仙村堰坎组。这里是芦山到雅安、天全的茶马古道，路面为石板路，路宽约 2 米，两边有不少老屋。在 90 号民居附近，一面 20 多米高的外石墙上，刻有一组由汤木政治部书写的红军标语："反对奸商怠业闭市，高抬物价！""工人八小时，减少工作时间，增加工人工钱！女工男

工做得同样工钱！" "无论大小商人，在遵守苏维埃法令下，得自由营业，保护中小商人利益！"等。在旁边红砂石墙上，有"世界革命成功万岁！" "打倒卖国贼蒋介石！坚决消灭薛岳！ 汤木政"。在一姚姓家的泥巴墙面上，还有用红墨题写的"拖枪来投诚！"的红军标语。

红军标语保存完好。

太平镇铁索桥红四方面军标语

太平镇铁索桥红四方面军标语位于芦山县太平镇胜利村。

1935年6月，中央红军第九军团长征途经芦山县太平镇福寿桥北上。同年11月至1936年2月，红四方面军在太平镇发动群众打土豪、分田地，支援前线。福寿桥在红军运送物资和伤员方面起着重要的作用。红军在桥两端的石碑上镌刻有"联合世界上唯一抗日反蒋的国家苏联！拔起政治部""实行共产主义！拔起政治部""巩固中苏民众的兄弟联盟！扩大民族革命战争！争取独立自由与领土完整的苏维埃

中国"等宣传标语。当地群众为纪念红军，称此桥为"红军桥"。

福寿桥始建于民国初年，铁索木板结构，桥长约50米。在"4·20"芦山强烈地震中损毁严重，现已恢复如初。2008年12月，被中共雅安市委、雅安市人民政府命名为爱国主义教育基地。2012年7月，被四川省人民政府公布为四川省第八批文物保护单位。

太平场红四方面军标语

太平场红四方面军标语位于芦山县太平镇胜利村老场。

在太平镇胜利村老场天主教堂外刻有"武装起来组织游击队！潮山政治部""拥护中国共产党！拔起政治部"，在大老坝北面的坝下石墙上刻有"打倒卖国贼蒋介石！拔起政治部"。此3幅标语，每字宽、高约1.2米，是红军在芦山留存标语中最大的石刻标语。

　　另在天主教堂北边石墙上还刻有"红军到的地方，穷人有吃有穿，再不出捐上款。工农群众们，只有自己起来斗争，才不会再受压迫痛苦！潮山政治部"。

乐以琴故居

乐以琴故居位于芦山县芦阳街道城东社区。

乐以琴，原名乐以忠，1914 年 11 月 11 日出生于芦山县。1926年，考入雅安私立明德初级中学校。1929 年，就读于成都华西协和高级中学。1931 年，考入山东齐鲁大学。"九一八"事变爆发后，为了民族利益，他决意从军。1933 年春，乐以琴考入杭州笕桥中央航空学校，成为航校第 3 期学员。1935 年，任空军第三大队第八队队员，续任中央航校飞行教官。1936 年，编入空军第四大队第二十二分队任分队长。1937 年 8 月 14 日，日本空军"王牌"木更津航空队 34 架飞机偷袭杭州笕桥机场。乐以琴奉命率第二十二分队迎敌，与队友共击落日机 6 架，我方无一损伤，打破了日本空军不可战胜的神话。此战后 7 天之内，乐以琴一人击落日机 8 架，被誉为"江南大地之钢盔"，与高志航、刘粹刚、李桂丹一同被誉为中国空军的

"四大金刚"。同年12月，他在与日军空战中，其座机被敌击中，壮烈殉国，时年23岁。乐以琴遗体被安葬于南京紫金山西麓，其事迹被编入小学课本。抗日战争胜利后，上海联华电影制片厂根据其事迹拍成影片《长空万里》。2009年，乐以琴被四川省人民政府批准为革命烈士。在2014年民政部公布的首批300名抗战英烈中，乐以琴名列第19位。

原址为3个四合院，现仅存1栋，面积140平方米。另有碉楼1座，为土筑结构，共4层，全高约10米。2011年9月，被芦山县人民政府公布为县级文物保护单位。

大川场战斗遗址

大川场战斗遗址位于芦山县大川镇。

1935年11月2日，红四方面军左纵队红九军第二十七师在陈海松率领下，经宝兴县抵达芦山县大川场。4日，红九军第二十七师三面夹击并击溃杨门坎川军四十五军林翼如旅的加强营，占领了大川场。红四方面军第七十六团、第八十一团在大川场飞仙阁设伏，打退增援大川场的川军黄鳌旅部，敌伤亡700余人。敌林翼如旅从横山岗逃窜，红四方面军第七十九团追至横山岗，与川军守敌卢济川旅发生激战，敌溃败退至大邑县双河场。

12月下旬，国民党敌指挥杨秀春率川军四十五军向红军发起反扑。红四方面军第七十九团、第八十一团在横山岗、草坪梅子岭一

带与敌人展开激战，多次击退敌人的进攻，守至次年 2 月撤离。

　　原址现为山地。在大川镇横山岗垭口岭上，残留着碉堡和战壕的遗迹。

芦山风情画廊

2016年，反映芦山文化自然景观、风土人情的壁画《芦山风情画廊》正式雕刻完成，49幅壁画中，红军长征壁画就占了21幅。红军长征壁画突出反映了党领导下的红军在长征时期发生的中央红军奇袭芦山、南下红军芦山十日血战、青龙场战斗、大川场战斗等英勇战斗的场面，壁画还反映了南下红军在芦山建立中共四川省委、四川省苏维埃等党政中心，设立中国工农红军总司令部等形成南下红军军事指挥中心；建立铜头红军总医院（总卫生部）形成南下红军医疗中心；建立各类政治部及抗日救国同盟，宣传抗日反蒋等红军政策主张，形成政治宣传中心，发动群众筹粮扩红开展土地革命、武装割据等生动革命实践活动。一个个红军故事，一处处革命遗址文物，红军精神跃然壁上，感染着一批批各地游客，也鼓舞着当地群众。

四、纪念场馆

4·20 芦山强烈地震纪念馆

4·20 芦山强烈地震纪念馆建筑面积 3 000 平方米，总投资 5 682 万元。项目于 2014 年 3 月开工，2015 年底主体工程完工，2016 年 4 月完成布展，2016 年 7 月 20 日正式开馆，馆藏展品 600 件。

纪念馆集纪念、展示、宣传、教育、研究等多种功能于一体，设抗震救灾厅、科学重建厅、幸福生活厅 3 个大厅，集中展示"中央统筹指导、地方作为主体、灾区群众广泛参与"的恢复重建新路子，真实记录和反映"4·20"芦山强烈地震从抗震救灾到灾后恢复重建的艰辛历程和取得的丰硕成果，是重要的爱国主义教育基地、社会主义核心价值观教育基地、民族团结进步宣传教育基地和展示社会主义制度优势的窗口。

截至 2020 年 12 月，接待参观人员达 325 209 人次，先后被批准并挂牌为四川省爱国主义教育基地，中共四川省委组织部"四川省党员教育培训省级示范基地"，中共四川省委省直机关党校党性教育基地，中共雅安市纪委、雅安市监察委员会、中共雅安市委宣传部"雅安市廉洁文化基地"，四川农业大学思想政治理论课社会实践基地，雅安市公安消防大队思想政治教育基地，芦山县践行重建干部教育培训基地等。

芦山县博物馆

　　芦山县博物馆位于芦山县芦阳街道金花社区"五馆一基地"（图书馆、博物馆、非物质文化遗产博物馆、民俗博物馆、文化馆和文化馆培训基地）内。

　　芦山县博物馆建于 1984 年，占地面积 2 488 平方米，是以收藏、保护、陈列、研究历代文物为主的综合型博物馆。馆内设有红军文物专柜，陈列红军的《抗日救国十大纲领》等重要文献、红军文物 50 余件、红军石刻和木刻标语 35 幅。原址为砖混结构建筑。2002 年 9 月，被中共雅安市委、雅安市人民政府命名为爱国主义教育基地。汶川地震后，芦山县博物馆迁至新建的"五馆一基地"。2011 年 8 月，芦山县"五馆一基地"被中共四川省委、四川省人民政府命名为四川省第五批爱国主义教育基地。

五、主题故事

青衣江中的 "水电报"

坐落在芦山县城北街中段的天主教堂还是那样富有魅力：尖尖的屋顶，漆黑的墙，考究的石拱门，还有那大门上方圆孔内嵌装了十字架的天窗。

1935 年冬，王维舟就住在天主教堂侧的四合院里。有一天，天主教堂外 "噼里啪啦" 响起了鞭炮声。街上人流拥挤。人们看见，在天主教堂与街檐连接的房屋门口，贴上了 "镰刀割断旧乾坤、斧头砍出新世界" 的对联。贴横联处，挂着一块石灰刷制的木牌，上面用浓墨楷书 "抗日救国同盟"。人们奔走相告 "红军成立了抗日救国会"。

抗日救国会成立后的一天，王维舟在天主教堂召开会议。到会的有抗日救国会宣传部的干事，有几名身着蓝布长衫、头戴帽子的青年人，他们是新近请到红军工农小学任教的教师。王维舟请大家聚集一起，商量怎样向白区民众开展抗日救国宣传。他说："抗日救国是件万万火急的大事啊，应该设法让白区的工农了解红军的革命主张。提到白区，我倒认识好些愿意帮助红军的人。我给你们写个信，你们去找一找，以便建立联系，搞好宣传，不知你们愿意去不？"

听王维舟总指挥这么一说，这些刚刚接触革命的 "乡间秀才" 们显出了不安的神色。有的说："总指挥，我们没出过远门，不敢去。" 有的说："总指挥，家里有老有小，走不开。"

王维舟沉思片刻，微笑道："既然是大家去不了，不要紧。我还有个办法，你们去搞些木板来，锯成短块，两面刨光，把要宣传的东

西写上去，再将木板放入河水中漂出去。"大家都说这个办法好。王维舟提醒大家："赶快动手！写了字的木板要涂上桐油，不然的话，板子入水，墨就跑了。"

芦山城位于青衣江边，碧绿的江水由北向南弯来绕去，流经雅安、乐山，最后汇入长江。散了会，这些年轻人找来木工，大家一起锯的锯，写的写，日夜赶制木板。转眼之间，写着标语口号的木板堆积如山。入夜，抗日救国会选派人员，把木板搬运到城南铁索桥下，投入青衣江中。从此，经常见到水面上的一块块木板，像一群驯服的小鸭向青衣江下游晃晃游动。人们给这种木板取了个有趣的名字——"水电报"。

从这以后，抗日救国会的同志们受到启发，又制作了用来向白区漂散宣传品的运载工具——"河灯"。他们把稻草人扎在小竹筏上。稻草人身上插满了五颜六色的小竹筒。竹筒中装的是桐油浸过的纸裹着的油印传单，或者小报。到了晴朗天气的夜晚，救国会员们把小竹筏抬至河边，点燃竹筏上的油灯或蜡烛。夜幕中，向下游游动的光亮闪闪烁烁，情趣无穷。大家给它取名"河灯"。

1936年春节前夕，抗日救国会总指挥部在芦山创办了《抗日救国周刊》，还用木板雕刻了印刷版，翻印了《抗日救国同盟十大政纲》。《抗日救国周刊》和《抗日救国同盟十大政纲》印好后，除在天全、芦山、宝兴散发，还用"河灯"散发到白区去。

抗日英烈乐以琴

在雨城区张家山原私立明德初级中学校楼前，屹立着一尊铜像，他就是雅安籍著名的抗日英烈——乐以琴。

1937年8月淞沪抗战爆发，乐以琴所在的空军第四大队奉调杭州笕桥机场，担负战斗任务。8月14日，日军木更津航空队派出34架飞机偷袭笕桥机场，妄图摧毁中国空军主力。驻场空军起飞迎战，乐以琴驾驶2204号霍克机率领第二十二分队奋勇当先，冲入敌机群上下翻飞，左右扫射，一连击落日军九六式重型轰炸机4架。8月21日，日军大举进攻吴淞，并轰炸上海南市难民列车，难民死伤千余人。乐以琴奉命率队阻击，击落日军歼击机2架。

在淞沪空战中，空军第四大队7天之内击落日机60余架，乐以琴

一人击落日机 8 架，被统帅部授予五星星序奖章，被誉称为"江南大地之钢盔"。此后作战，日机一见乐以琴的霍克机便望风而逃。9 月，第四大队奉调承担保卫南京的任务。乐以琴和刘粹刚率领的两个分队在一个多月奋战中将日空军精锐木更津航空队全部歼灭，乐以琴因战功卓著升任第四大队副大队长。

1937 年 12 月 3 日，日空军出动飞机 30 多架轮番轰炸南京。乐以琴的霍克机因飞行耗损不能起飞，乐以琴改驾水冷式"费亚特"战斗机起飞迎战。在敌众我寡的劣势空战中，乐以琴毫无惧色拼死冲击，首先击落日机一架。当乐以琴又紧追一架日机时，一架日机突然从高空俯冲开火，乐以琴所驾战机被击中油箱，飞机失去控制，乐以琴被迫跳伞，不幸壮烈牺牲，年仅 23 岁。

龙马树的红色故事

　　幽静的芦山县龙门镇古城坪的张家大院在芦山"4·20"地震中丝毫无损，被新华社等媒体称为"坚强屋"而名声在外，然而让人们惊叹鬼斧神工的却是张家老屋北面对门沟边的一棵树龄1 200多年的参天金丝楠木古树——龙马树的奇异"长相"。

　　故事还得从南下红军到芦山说起，1935年10月底，红四方面军挥师南下雅安，发起《天（全）芦（山）名（山）雅（安）邛（崃）大（邑）战役计划》。第三十军奉命从宝兴灵关场入芦山双河场，向北占领太平场、宝盛场进入邛崃、雅安县境。11月初，第三十军第八十八师与第二十五师第七十三团、第三十一军第九十三师从东、北、西南三面夹击固守在青龙场的国民党强敌石照益旅，在甘溪坝、石山寺一带经过激烈战斗，全歼敌2个团5 700余人。青龙场战役后，第三十军军部即设在龙门镇古城坪张继武、张继汤、张继禹三农户的家中。1936年2月，南下红军撤离芦山县，经宝兴县翻夹金山北上抗日。

　　在此期间，朱德、徐向前也曾在第三十军军部住过。民间传说，

徐向前、李先念等领导的马经常拴在这棵桢楠古树下，后来，李先念的马便老死于此，葬于树下。不久后的一天晚上，突然雷电交加、风雨大作，一声霹雳，一个闪电，将树中央的树枝打掉，奇异的是，这一雷击居然将古树打成了马头龙尾，马头向北，龙尾向南。自此，这棵曾经见证了红军在芦山历史的红军树便被人们称作"龙马树"。

近年来，芦山县各级党委政府非常重视红色文化的挖掘、保护和利用，2012 年，先后整合资金 200 多万元，对第三十军军部遗址建筑及周边环境进行了维修和打造，并在树边修建了龙马广场，同龙马树、保护完整的第三十军军部驻地旧址一起作为爱国主义教育基地和红色旅游景点对外开放。2012 年曾在龙马广场和旧址举行第六届"油菜花开·七里夺标"分会场活动，这次活动由龙门乡主办，中共芦山县委党史研究室、县旅游局、县文新广局协办，并在这里举行第六届民俗节"唱红军歌、吃红军饭、走红军路"文化旅游主题活动。

2005 年 4 月，该遗址被芦山县人民政府批准为县级文物保护单位。2005 年 4 月，被中共芦山县委命名为爱国主义教育基地。2007 年 6 月，被四川省人民政府公布为四川省第七批文物保护单位。2008 年 12 月，被中共雅安市委、雅安市人民政府命名为爱国主义教育基地。2012 年 8 月，被中共四川省委组织部命名为四川省地震（"5·12"）重灾区党性教育现场教学基地。

六、景点链接

飞仙关旅游景区

飞仙关旅游景区位于雅安市东北部，东距雅安市区约 11 千米，北距芦山县城约 17 千米，西距天全县城约 21 千米，是国道 318 线第一关和川西旅游环线必经之地，历史上是"川藏文化走廊""茶马古道""南方丝绸之路"的重要节点，被誉为川藏线陆地"第一咽喉"。2016年 4 月，景区正式获批成为国家 AAAA 级旅游景区。

"4·20"芦山强烈地震发生后，飞仙关旅游景区启动了灾后重建规划，按照"文旅结合、镇村一体、产城相融"的思路，突出景区整体提升战略部署，以南北场镇建设为基础，结合茶马古道、二郎古庙、南天新镇的建设，打造为集生态观光、乡村游憩、古镇休闲、文化体验、养生度假等功能于一体的国家生态文化旅游融合发展示范区和川藏线上的精品旅游目的地。

汉姜古城旅游景区

汉姜古城旅游景区是芦山县政治、经济、文化、商贸中心，是省级历史文化名城和"汉代文物之乡"，又是川西旅游环线上的重要节点和西岭雪山—青城山旅游带西沿线上的重要组成部分。景区距雅安31千米，距成都156千米。景区历史悠久，文化遗产丰富，有古羌文化、蜀汉三国文化、乌木根雕文化、宗教文化、爱国文化、民俗文化等众多文化相互交融，和谐共处。景区水能资源和动物资源丰富，植物品种繁多。"4·20"芦山强烈地震发生后，景区启动了灾后重建规划，通过灾后重建，使景区成为兼具旅游目的地功能的全域旅游极核、旅游支撑中心和川西旅游环线旅游集散驿站。2016年9月，汉姜古城正式获批成为国家AAAA级旅游景区。

大川河景区

大川河景区总面积 248.87 平方千米，海拔从 1 040 米增至大雪峰 5 364 米，是世界遗产大熊猫栖息地生态走廊的核心区，是戴维发现熊猫之旅的经过地。景区森林覆盖率高，生态环境良好。随着海拔的升高，植被更迭，气象变幻，青山、绿水、红叶、原始森林、雪域景观层次分明、美不胜收。景区以"高山峻岭、峡谷森林、草甸海子、雪峰冰川"自然景观为缩影，有距成都最近的、海拔最高的、终年不化的大雪

峰；有气势磅礴、雄伟壮丽的高山——九里岗和黑奔山；有宁静清澈、宛若翡翠的高山海子——鸳鸯池；有野花烂漫、柔滑如毯的高山草地——四方草甸；有七彩夺目、品种齐全的万亩成片高山杜鹃林海；有 41 万亩茂密葱郁的原始森林；有野牛奔腾跳荡的牛颈河谷……春赏杜鹃、夏戏碧水、秋品红叶、冬玩冰雪，具有原始自然、动静结合、色彩斑斓的独特魅力，是超凡脱俗的人间佳地。2019 年 3 月，大川河景区正式获批成为国家 AAAA 级旅游景区。

龙门洞穴群

　　龙门洞穴群地处芦山县龙门镇，位于神秘的北纬 30° 上，形成于白垩纪时期，是发育在白垩纪巨厚砾岩层中的洞穴系统，是同类岩层中独有的地质遗产，具有很高的观赏价值，被誉为"中国地质奇观"，是中国乃至亚洲目前发现的最大的砾岩洞穴群。整个洞穴群初步估计面积在 80 平方千米以上，长度 100 余千米。目前主洞区已经开发了 20 千米左右，四季恒温，夏季更是清凉可人，内有多层洞水空间，200 米以下有色彩斑斓的原始砾岩河床和长流不息的暗河。主要景观有金牛厅、龙锁关、步金殿、金沙巷、洞中飞瀑、天光银柱等。洞内设施完善，是消夏避暑、探险娱乐的好去处。

樊敏阙

樊敏阙位于芦山县芦阳街道黎明社区，建于东汉献帝建安十年（205 年），为扶壁式双阙。樊敏阙高 5.1 米、宽 2.25 米、厚 0.92 米，阙身由九层方形巨石堆砌而成，为红砂岩石质，全阙由座、壁、斗拱、檐、顶 5 部分组成。碑身刻"汗故领校巴郡太守樊郡府君碑"隶书，该隶书以圆笔为主，方笔兼之，中锋用笔，侧锋兼之，布白均匀，法度森严，如纯金美誉，雍容大度。阙一般象征逝者在生前有显赫的官职和地位，在古时为官俸禄达到 2 000 担以上的，才有资格修建墓前阙。据有关资料记载，樊敏阙在宋代前倒塌过，现存左

阙为1957年由四川省文化厅拨款组织修复。1961年列为省级文物保护单位。1988年列为全国重点文物保护单位。

"4·20"芦山强烈地震造成樊敏阙及石刻受损，阙体开裂，阙身移位。在灾后恢复重建过程中，重点修复樊敏阙本体，项目于2014年7月开工建设，目前已修复完工。

中国乌木根雕产业园区

园区规划占地面积约 1.5 平方千米，兴盛"中国乌木根雕艺术之都"魅力，彰显两千多年的雕刻文化传承，形成了国内规模较大、有一定影响的根雕市场。

芦山根雕最大的工艺特点是充分取形于乌木"瘦、透、漏、皱"自然特点，以"巧雕"为主的雕刻工艺技法，巧雕之巧，有形态上的，也有颜色上的，利用原料自然的形状和色彩进行构思，因材施雕，更需要制作这件作品的匠人独具匠心的创新思维和智慧，令作品闪耀出天人合一之光芒。"三分人工，七分天成"的制作原则，围绕着主题思想的要求，合理而慎重地取舍，巧妙地利用根的自然形态，如枝、须、洞、节、疤、纹理、色泽、态势等，辅以加工修饰，尽量保留这些天然特点和神韵，做到巧借天然，使自然美的"奇"与人工美的"巧"自然结合起来，虽经施艺但不留明显痕迹，浑然一体，赋予了成品较高的艺术欣赏和收藏价值。

七、旅游线路

芦山县距雅安市 33 千米，距成都市 169 千米，距成都新津青龙场火车站 100 千米。国道 318 线和省道 210 线穿境而过，是雅康高速、雅马高速、国道 351 线、邛崃—芦山快速通道、大邑—芦山快速通道、雨城—芦山快速通道必经之地。"4·20"芦山强烈地震灾后恢复重建以来，芦山县县域道路交通基础设施、旅游公共服务设施迎来了跨越式的发展，县域内道路通达，各景区游客中心、停车场、旅游厕所、标示标牌及智慧旅游建设有了长足的提升，现已创建了龙门古镇、飞仙关和汉姜古城、大川河景区等 4 个国家 AAAA 级旅游景区。

县域内红色旅游规划线路之一：

飞仙关大桥、红军标语、飞仙关镇灾后重建 AAAA 级旅游景区（飞仙关）—抗日救国同盟旧址、乐以琴故居、汉姜古城 AAAA 级旅游景区（芦阳）—青龙场战斗遗址（龙门）—红四方面军第三十军军部驻地旧址、龙门新村 AAAA 级旅游景区（古城村）—红军桥及红军石刻标语（太平）—红四方面军总指挥部旧址、红军题诗壁（双石）—红军总司令部驻地旧址（芦阳）

县域内红色旅游规划线路之二：

成都—邛崃—油榨—大川

八、美食特产

龙门花生

芦山县龙门镇青龙场村是沙滩地，自古盛产花生。近年通过引进和改良品种，所产花生清脆香甜、口感明显优于其他地区的花生，深受群众喜欢。龙门花生已远近闻名，成为馈赠亲朋、贵宾的佳品，成为市场上的畅销货，被列入芦山名优土特产品。但由于产地只在河心村范围，故产量有限。

石刻根雕艺术产品

芦山雕刻工艺历史悠久、源远流长，从汉代开始就有很高的艺术水平。被誉为"如明月开天，荷花出水""干禄无上上品"的国家级文物保护单位的樊敏阙，其汉隶书法不仅具有较高的学术、艺术价值，也是石刻之精品；有占全国存量过半的东汉石刻瑞兽11具，其大型圆雕——石兽雕刻手法精湛、栩栩如生；

还有"龙虎龟蛇聚一堂，顿觉风云卷大陆"的省级文物保护单位王晖石棺，该石棺以构图雄健、精巧，造型生动，刻工精湛，内涵丰富，以石刻艺术精品闻名于世，被郭沫若先生赞曰"诚哉艺术足千秋"。平襄楼、青龙寺大殿的石刻和建筑风格也颇具艺术价值和历史考究价值。出土的汉马乌木根雕是汉代乌木根雕杰作，具有很高的雕刻艺术价值。

马牛山茶叶

芦山县是川藏茶马古道所经之地，种茶历史悠久。茶叶产地主要是大川、太平、双石及罗纯山、苗溪山一带。马牛山的茶叶，产于海拔 1 000~1 800 米的高山茶园。特殊的地理位置和高山峡谷气候条件，造就了马牛山茶叶翠绿的颜色、持久的香气、醇厚的味道、肥厚的叶肉、经泡又耐冲等独特优点。"4·20"芦山强烈地震灾后恢复重建过程中，新发展高山生态茶 2.3 万亩，使芦山高山茶叶走上了规模化、绿色化的道路。

九、住宿推荐

1. 开元曼居芦山汉嘉店

地　　点：芦山县芦阳街道汉姜街 1 号

电　　话：0835-3527777

2. 芦山金丝楠大酒店

地　　址：芦山县芦阳街道迎宾大道中段雅都城市广场

电　　话：0835-8588888

3. 汉城大酒店

地　　址：芦山县芦阳街道南街 265 号

电　　话：0835-6688766

4. 锦城酒店

地　　址：芦山县芦阳街道姜维路 66 号

电　　话：0835-6523888

5. 波波宾馆

地　　址：芦山县芦阳街道东风路 63 号

电　　话：13094578734

6. 龙门山庄

地　　址：芦山县龙门镇大桥农村信用社龙门分社附近

电　　话：13330608866

7. **璟玥酒店**

   地　　址：芦山县芦阳街道迎宾大道 38 号附 27 号

   电　　话：0835-6777966

8. **雅咏客栈**

   地　　址：芦山县龙门镇青龙场村白伙新村

   电　　话：18283591815　13320606945

9. **石笋农庄（农家乐）**

   地　　址：芦山县大川镇春军加油站前行 900 米

   电　　话：17781607929　15198098121

宝兴县

红色旅游指南

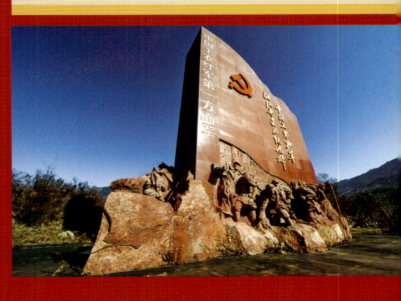

一、宝兴县概况

县情概况

宝兴县位于四川盆地西部边缘、雅安市北部，距离成都190千米、距离雅安市区54千米，国道351线贯穿全境，是成都平原通往川西高原的咽喉、西部重要的民族走廊和长江上游的重要生态屏障。全县面积3 114平方千米，地形以山地为主，是典型的大山区县。辖3镇、4乡、44个村、3个社区，2020年末总人口4.8万余人。

红色文化概况

宝兴是红军长征的重点活动地区之一，红军长征在宝兴有两个重大事件。一是翻越夹金山。1935年6月，中央红军在强渡大渡河、飞夺泸定桥后，6月7日抵达宝兴，在当地群众的帮助下，历经九死一生，6月12日至18日成功翻越长征途中的第一座大雪山——夹金山，在懋功与红四方面军胜利会师，让蒋介石妄图将红军分割各个击破的计划彻底破产，使两大红军主力能够在党中央和毛泽东同志的直接指挥下统一行动，为北上建立新的革命根据地创造了有利的条件。同年10月27日，南下红军翻越夹金山，执行《天（全）芦（山）名（山）雅（安）邛（崃）大（邑）战役计划》，后因南下计划受挫，1936年2月底再次翻越夹金山北上。南下红军在宝兴生活、战斗历时4个多月，在宝兴建立了地方党组织和苏维埃政权，开展打土豪、分田地运动，组织地方武装和游击队，同国民党军队和地方反动势力进行了顽强的斗争。二是护送陈云出川。1935年6月，陈云同志按照中共中央在泸定县城附近召开的负责人会议（史称"泸定会议"）决定，在中共地下党员、灵关小学校长席懋昭等人护送下，秘密从宝兴县灵关镇出发，经天全、荥经、雅安、成都、重庆，辗转抵达上海，恢复和领导白区上海地下党的工作。同年9月，转赴莫斯科向共产国际报告遵义会议和红军的情况，恢复了中国共产党与共产国际的联系，争取到了共产国际的支持，使共产国际肯定了遵义会议和以毛泽东为代表的党中央。

宝兴县有丰富的红色文化资源，有大池区苏维埃政府机关遗址、五龙乡苏维埃政府机关遗址、红四方面军总医院第三分院遗址、红四方面军第三十军军医院旧址、彭龙伯牺牲地遗址、小沟子岗战斗遗址、兵难攻战斗遗址、中央红军途经长偏桥短偏桥栈道遗址、红军墓群、菩生岗战斗遗址、红军井、中央红军翻越夹金山动员大会遗址、中央红军和红四方面军翻越夹金山遗址、龙包战斗遗址、灵关铁索桥遗址、硗碛碉楼、刘衍华牺牲地遗址、齐元忠牺牲地遗址、唐包战斗遗址、若笔红军标语、毛泽东朱德长征旧居、陈云长征旧居、陈云出川史实陈列馆、徐向前长征旧居、红军七烈士墓、红军一烈士之墓、魏守端墓、红军长征翻越夹金山纪念馆、红军长征翻越夹金山纪念碑、宝兴县红军园、宝兴

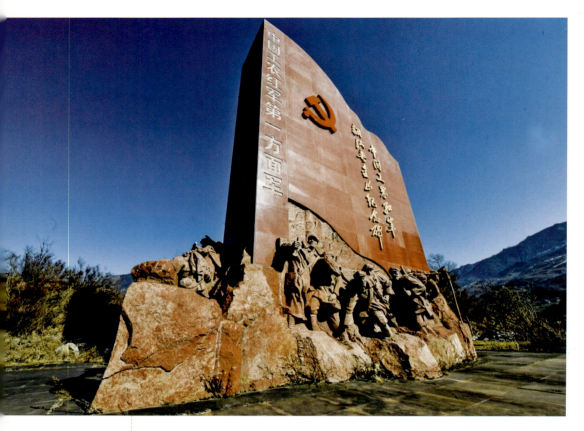

县烈士陵园等革命遗址遗迹。近年来，中共宝兴县委、宝兴县人民政府依托丰富的红色旅游资源，结合生态旅游发展，坚持"红绿并举，以红促绿"，大力发展红色旅游和生态旅游，编制了生态旅游和红色旅游发展规划，出版了《夹金山下浪漫城——文化宝兴》《雪山丰碑》等系列文化书籍，举办了"红军翻越夹金山70周年暨陈云同志100周年诞辰""红叶节"和"重走长征路"红色旅游主题活动首发团四川雅安交接仪式、2019年"文化和自然遗产日"四川省主会场活动等系列活动，成功打造了东拉山、神木垒等一批红色旅游景点和生态旅游景点。目前，宝兴县已被纳入国家、省、市红色旅游发展规划。夹金山是国家规划确定的全国30条红色旅游线路"红军翻雪山过草地"的起点，是全国100家红色旅游经典景区之一，是四川长征干部学院雅安夹金山分院主校区的所在地。

二、红色景点

中央红军、红四方面军翻越夹金山景区

中央红军、红四方面军翻越夹金山景区包括中央红军、红四方面军翻越夹金山遗址，红军长征翻越夹金山纪念馆，红军途经长偏桥短偏桥

栈道遗址，红军长征翻越夹金山纪念碑，毛泽东朱德长征旧居。
2015 年，被命名为四川省中共党史教育基地、雅安市中共党史教育
基地。2017 年，被中宣部命名为全国爱国主义教育示范基地。

中央红军、红四方面军翻越夹金山遗址

中央红军、红四方面军翻越夹金山遗址位于宝兴县北部，地处硗碛藏族乡夹金山村夹金组，由小路、五倒拐、筲箕窝等组成。其中小路起于新寨子，止于山顶垭口，顺山弯曲，全长30千米。

夹金山属于邛崃山脉，横亘于宝兴县与小金县之间，主峰海拔4 930米。山上终年积雪，空气稀薄，天气变化无常。红军长征途中，先后3次翻越夹金山。1935年6月9日，中央红军先遣部队从宝兴县城出发兵分两路（大部沿东河，小部沿西河）向长征中的第一座大雪山——夹金山挺进。红一师从西河经五龙、陇东，永富的中岗土巴沟翻越夹金山直达懋功；红二师第四团从东河经盐井、硗碛、王母寨翻越夹金山。12日，红军先遣部队红一军团第二师第四团成功翻越夹金山，与红四方面军第九军第二十五师第七十四团第三营在达维胜利会师。17日，毛泽东、周恩来、朱德等中央领导翻越夹金山。

　　1935年9月中旬，张国焘拒不执行党中央北上的决定，擅自率红四方面军及红一方面军第五、九军团从阿坝挥师南下，于10月27日至29日翻越夹金山进入雅安境内。因《天（全）芦（山）名（山）雅（安）邛（崃）大（邑）战役计划》受挫，红四方面军于1936年2月下旬分三路撤离雅安，再次翻越夹金山，2月底全部翻越夹金山，经懋功、丹巴向西转移，开进康北。

　　原址现修有一条国道351线通往小金县。2002年9月，中共雅安市委、雅安市人民政府命名为爱国主义教育基地。2011年12月27日公布为雅安市市级文物保护单位。

红军长征翻越夹金山纪念馆

红军长征翻越夹金山纪念馆位于宝兴县县城西侧的青衣江畔，2005年6月8日开馆，由红军广场、主题雕塑和红军长征翻越夹金山连环画护栏3部分组成。

纪念馆占地面积约4 500平方米，外观独特，在设计上融合了川西民居和藏族民居的风格，充分体现了宝兴地处民族走廊地带所具有的特殊的地理环境和民风民情；场馆从外到内都以红军军装"灰"为基调色，烘托出凝重、庄严且深沉的气氛。纪念馆共有两层楼展厅：一楼是漫漫长征路、雪山铸丰碑的展览，共有照片103张、文物68件。在这些珍贵的红军文物中，有旗帜鲜明、鼓舞斗志的红军标语，有珍贵的红军钱币和红军武器，还有真实记录夹金山、红军栈道、誓师坪以及毛泽东与朱德居住过的锅庄楼等历史照片。二楼是陈云出川暨陈云光辉一生的展览，共有红色馆藏文物89件。红军广场中央立有一块巨型石碑主题雕塑，碑体雕塑采用圆雕、浮雕和青铜浮雕。碑体西侧刻有400余字的铭文"雪山丰碑"。纪念馆侧面的红军长征翻越夹金山连环画护栏由110块深浮雕版构成。

2005年，中共雅安市委、雅安市人民政府命名为爱国主义教育基地；2006年，中共四川省委、四川省人民政府命名为爱国主义教育基地；2017年3月，中宣部命名为全国爱国主义教育示范基地。

红军栈道遗址

红军栈道遗址位于宝兴县蜂桶寨乡盐井坪村。

1935 年 6 月 9 日，中央红军先遣部队顺利通过宝兴县城沿东河向盐井方向前进，第二日午后抵达崔店子。从崔店子启程的地势更加险峻，必须过河走栈道才能通行，当地群众把崔店子至黄店子最长的一段栈道叫作"长偏桥"，把黄店子到锅巴岩的栈道叫作"短偏桥"。国民党军队和当地土豪在逃跑时将栈道全部毁坏，妄想阻止红军的前进。面对悬崖陡壁的峡谷和波涛汹涌的急流，红军先遣部队队员手拉荆棘蔓藤，脚踏岩石缝隙，在峭壁上互相呼应着，小心地往前挪动。到黄店子对岸时，又遇到光秃秃的悬崖绝壁，无一着手和落脚处，经过几次试探后，都无法前行，唯一的办法就是过河。红军先遣部队官兵解下绑腿，把被单撕

成布条，扭成一根根长布绳，一端系上木钩和石块，投向河对岸，用布绳架起了一条过河的"索道"。红军战士们冒着落入激流的危险，借助布绳"索道"，手脚并用，悬空渡河。过河后，红军先遣部队队员们迅速修复黄店子—锅巴岩的栈道。后来在当地群众的帮助下，红军先遣部队仅用半天时间就将这一带的栈道顺利抢通。由于栈道不易通过，红军主力部队用了7天7夜才全部通过。

　　此处开设了可容纳100人的微党课教学。

红军长征翻越夹金山纪念碑

　　红军长征翻越夹金山纪念碑原位于宝兴县硗碛藏族乡夹金山村华能硗碛电站水库淹没区。2006 年，中共宝兴县委、宝兴县人民政府在勒乐村朵里组硗碛水库东岸重立红军长征翻越夹金山纪念碑。

　　红军长征翻越夹金山纪念碑高 10 米，宽 10 米，厚 4.5 米。碑体用红花岗石做成，形状是红军军旗，碑体的下部用红砂石雕成反映红军长征时克服各种艰难困苦的人物群浮雕。1935 年 6 月中旬，红一方面军在毛泽东、周恩来、朱德的率领下，强渡大渡河、飞夺泸定桥，继而挺进宝兴，以顽强的革命意志征服了长征途中的第一座大雪山——夹金山，与红四方面军在懋功胜利会师，从而彻底摆脱了敌人的围追堵截。同年 10 月，南下红军翻越夹金山，在宝兴战斗了 125 天，后因南下计划受挫，广大官兵响应中央号召，于次年 2 月翻越夹金山，继续北上。红军翻越夹金山，忍饥饿，冒严寒，经历了艰苦卓绝的生命极限的考验，付出了重大的牺牲，同时也创造了革命奇迹。为纪念红军长征胜利 70 周年，中共宝兴县委、宝兴县人民政府特立此碑，以表达宝兴人民对中国工农红军的缅怀、敬仰之情。

　　2006 年 2 月，中共四川省委、四川省人民政府命名为四川省第四批爱国主义教育基地。2011 年 3 月，中共雅安市委、雅安市人民政府命名为爱国主义教育基地。红军长征翻越夹金山纪念碑是全国 100 家红色旅游经典景区之一。

毛泽东、朱德头道桥居住地旧址

毛泽东、朱德头道桥居住地旧址位于宝兴县硗碛藏族乡夹金山村泽根组。

1935年6月，中央红军长征到达宝兴县硗碛头道桥时，毛泽东、朱德分别居住在斗底锅庄房和迥贡锅庄房两栋藏族寨楼。在这两栋房屋中，毛泽东、朱德全面分析当时形势，研究翻越夹金山以及红一、四方面军会师后，北上抗日方案等重大决议。停留期间，红军书写了大量的标语，留下许多革命文物，使此处具有很高的革命文物和历史文物保护价值。

原址斗底锅庄房和迥贡锅庄房始建于清代，石木结构，为两段四层，下段为方形石碉建筑，上段为穿斗式，悬山式双坡屋顶，小青瓦屋面，占

地面积1 500平方米。其中斗底锅庄房长12米，宽10米，高13米；迥贡锅庄房长11米，宽9米，高12米。该旧居依山而建，既保存了东汉时"乱石砌墙为碉楼"的传统特色，又吸取了汉族砖木房屋结构的优点，如城堡一般坚固牢实。拐庄楼约呈正方形，一般为四层，大小各异。硗碛锅庄楼建筑独具特色，被建筑专家认为是世界奇特建筑之一，具有较高的研究价值。

2007年，宝兴县人民政府公布为县级文物保护单位。

陈云灵关居住地旧址

陈云灵关居住地旧址位于宝兴县灵关小学。1935年5月29日，中央红军先遣部队在强渡大渡河、飞夺泸定桥后，经荥经、天全、芦山进入宝兴县灵关场（原属天全），陈云随中央红军到达灵关场，在此房中居住。

在中央红军从灵关场启程赶往夹金山前，中央通知陈云离开长征队伍，秘密出川赴上海。按照泸定会议的决定，陈云在中共地下党员席懋昭等人的护送下，秘密从宝兴县灵关场出发，经天全、荥经、雅安、成都、重庆，辗转抵达上海，恢复和领导白区上海地下党的工作。同年9月，陈云转赴莫斯科向共产国际报告遵义会议和红军的情况，恢复了中国共产党与共产国际的联系，为党中央和长征争取了共产国际的支持。

陈云出川史实陈列馆

陈云出川史实陈列馆位于宝兴县灵关镇新场村。该馆前身是始建于明代的观音寺，结构为木结构抬梁式，穿斗式梁架，五柱三架，面阔三间，悬山顶，小青瓦屋面。20世纪20年代，当地人在此筹建私学，随后改为公立"二音院小学"。

1935年6月，陈云随中央红军主力到达灵关场，接到中央通知停止长征，执行泸定会议决定，后在中共地下党员席懋昭等人护送下从这里出川踏上赴上海之路。

陈列馆完整展陈了陈云出川这段史实。此处开设了可容纳80人的微党课教学。

徐向前长征旧居

　　徐向前长征旧居位于宝兴县陇东镇中岗村。

　　1935年10月下旬，红四方面军南下翻越夹金山后，分两路向宝兴县城进军。红四方面军中路纵队一部从硗碛向西河挺进，沿永富乡（今陇东镇）中岗土巴沟抵达中岗村休整。红四方面军总指挥徐向前随军居住在中岗村一户地主的房屋里。

　　原址为木结构瓦房，面积200余平方米，现保护基本完好。

三、红色遗址

红军小道遗址

红军小道遗址位于从夹金山脚头道水沟起，经二道水沟、箐箕窝，至夹金山顶的王母寨，全长 30 千米。

1935 年 6 月 9 日，中央红军先遣部队顺利通过宝兴沿东河向夹金山前进，红一军团主力部队随红军先遣部队翻越夹金山。6 月 12 日，红军先遣部队红一军团第二师第四团成功翻越夹金山与红四方面军第九军第二十五师第七十四团第三营在达维胜利会师。6 月 12 日至 18 日，中央红

军分两路成功翻越夹金山。10 月 27 日至 29 日，红四方面军及红一方面军第五、九军团回师南下翻越夹金山，执行《天（全）芦（山）名（山）雅（安）邛（崃）大（邑）战役计划》。因战争形势不利，红军南下受阻，于次年 2 月再次翻越夹金山，继续北上。

此处开设了可容纳 200 人的微党课教学。

红军墓群

红军墓群（又名红军伞）位于宝兴县硗碛藏族乡咎落村。

1935年6月中旬，中央红军长征翻越第一座大雪山——夹金山。当时正值夹金山大雪纷飞，天寒地冻，许多负伤或生病的红军将士在翻山途中壮烈牺牲。当地藏族群众得知牺牲的红军将士得不到及时掩埋的消息后，自发组织起来，沿着红军翻山走过的山路，搜寻牺牲的红军战士遗体。他们将找到的红军战士遗体抬下山后，安葬在硗碛场镇后的山岗上，并特意在红军墓群旁种下一棵松树，寓意

红军精神万古长青。现在这棵松树已长成一棵蟠龙大树，形如雨伞，当地人称为"红军伞"。

　　原址保存完好。

彭龙伯牺牲地遗址

彭龙伯牺牲地遗址位于宝兴县灵关镇大渔沟。

彭龙伯，原名彭桂佳，又名彭真，1904 年生于四川达县，1926 年加入中国共产党，1927 年就读于上海南洋医科大学，受党的派遣又赴莫斯科深造。1931 年回国后分配到中央苏区工作，1932 年 7 月任中央卫生学校校长。1933 年 6 月，任红一方面军卫生部部长，1935 年，任中央军委总卫生部保健局长，是中国工农红军卫生工作的创建人之一。1935 年 6 月 11 日，彭龙伯随红一方面军大部队挺进宝兴后住灵关镇上。12 日上午，中央军委总卫生部在灵关镇大渔沟召开有关翻越夹金山卫生工作的会议，在赴会途中，国民党的飞机投下数枚炸弹，彭龙伯不幸中弹牺牲，终年 31 岁。时任中央军委总卫生部处长王斌、军团卫生部部长姬鹏飞同警卫员一起，在大渔沟的半坡上，选一特大石头作为标记，埋葬了彭龙伯的遗体。

中华人民共和国成立后，彭龙伯遗骨迁至达县烈士陵园安葬。

2011 年 6 月，彭龙伯牺牲地遗址被宝兴县人民政府公布为宝兴县第三批文物保护单位。

四、纪念场馆

宝兴县红军园

　　宝兴县红军园位于宝兴县硗碛藏族乡硗碛藏寨，是"4·20"芦山强烈地震灾后恢复重建项目，于 2014 年 11 月底开工，2015 年 12 月竣工。红军园分为四大功能区：一是主题纪念碑及广场，主题纪念碑名为"夹金星火"，通高 10 米、底座 12 米，材质为铸铜、铜锻造烤漆、石材，配套缅怀题字碑和雕塑；二是红军翻越夹金山体验区，配套廊道、入口广场、水景及亲水平台、栈道、登山步道、观景平台、亭子、纪念雕塑等建筑物及设施；三是军民鱼水情主题步道；四是居民及游客活动观赏区。作为红军长征翻越夹金山的一个纪念园，宝兴县红军园不但具有纪念意义，还具有社区活动功能、旅游配套功能，是展示、纪念和褒扬烈士事迹的重要纪念地和标志，也是传承革命精神和理想信念的重要载体。

　　此处开设了可容纳 200 人的微党课教学。

四川长征干部学院雅安夹金山分院

四川长征干部学院雅安夹金山分院地处红军长征翻越的第一座大雪山——夹金山下。分院占地面积134亩，建筑面积3.6万平方米，有小穆坪、河西、新寨子3个校区，可同期培训学员500余人。

分院秉承"弘扬夹金山精神、锻炼坚强党性"的办学宗旨，充分利用雅安市丰富的红色文化、绿色发展、重建精神、廉政文化四种教学资源，突出红色体验式教学特色，设置有专题教学、现场教学、体验教学、音像教学、激情教学五大教学模块；建立"外聘讲师+学院教师+领导干部+红色后代"多元化师资体系，拥有130余人的师资队伍；采用课程招标与自主研发相结合的方式，开发了48堂特色课程；打造提升石棉中国工农红军强渡大渡河纪念馆和宝兴红军长征翻越夹金山纪念馆、陈云长征旧居等24个现场教学点，逐步形成从大渡河到夹金山的精品红色教育路线。

　　分院承接党性教育、红色文化教育、革命传统教育、绿色发展教育、党风廉政教育以及大学生社会实践、中小学生研学、各类学术研讨等方面的培训。

五、主题故事

藏族群众开关迎红军

1935年6月11日，中央红军先遣部队抵达藏族群众聚居的硗碛寨。这时的硗碛，国民党军队和头人听说红军要来，早就往中岗方向跑了，藏族群众听了国民党反动派的造谣和蛊惑，都躲到深山里，管事的只有街上有家产、有声望的清水袍哥大爷——头人代办旦德堃（汉人，会说藏话，妻系藏族），他虽然没有离家出走，但也不敢露面。为试探红军是什么样的队伍，他派刘万廷、姜有才、杨国廷、胡占武等寨民在街头摆起"吉露"（大方桌上放上果品和茶具），等候红军的到来。中午时分，红军先遣部队到了硗碛寨，在街头碰到刘万廷等人，红军个个笑嘻嘻地走上前去亲切地和他们打招呼、握手，告诉他们："红军是穷人的队伍，是打土豪劣绅的。""红军不乱杀人、不放火、不抢粮、不抓壮丁，是专替受苦人出气的队伍。"刘万廷等人领会红军意思后，立即向旦德堃说明见到红军的情形。旦德堃安排刘万廷等人通知躲藏的群众回家，并把躲起来的喇嘛召回来，在晚上开了一个会，要求大家组织起来欢迎红军。随红军先遣部队而来的杨参谋向藏族群众和额德姆等20多个喇嘛宣传共产党的民族政策、红军的主张和性质，讲明红军尊重藏族群众信仰宗教的自由等，并当众宣布红军的4条纪律：一是不进老百姓的住房；二是保护寺院；三是不随便吃群众的东西；四是不拿藏家的一点财物等。红军战士们全部坐在屋檐下、道路两旁休息，吃自己带的干粮炒米，喝溪沟里的凉水，对寺庙和藏族群众秋毫无犯。红军战士的行为和刘万廷等人在街上大

摇大摆的表现在藏族群众中不胫而走，藏族群众纷纷回到家。第二天，藏族群众在硗碛街上扎起三道"天花"(用松柏和鲜花做的牌坊)，贴上"欢迎红军来藏家!"的标语。杨参谋还给红军战士定一条规矩："任何人不得进入喇嘛寺经堂，不得围观喇嘛喝茶、念经。"还专门派两名战士在经堂楼口站岗。杨参谋在喇嘛寺住了4天，临走时，还把寺院后面的一大片土地划给喇嘛寺经营，并写了一张字据，盖上红军的印章，交给大喇嘛额德姆，作为土地归寺院的凭证。可惜额德姆在国民党军队打来时，怕牵连自己和寺院，把这张珍贵的字据烧了。

席懋昭烈士

席懋昭，1912年1月出生于四川省仪陇县观音乡。1929年，席懋昭在仪陇中学读书时，组织成立了学术研究会，领导了仪陇中学反对军阀李炜如的侄儿李继如克扣学生伙食费的罢课斗争，被学校开除学籍。1931年，席懋昭化名席哲明，与女同学贺伯琼一道，前往成都求学，分别考入成都私立天府中学和大同中学，成为革命外围组织读书会里的活跃人物之一。1932年春，席懋昭经张晓光介绍加入中国共产主义青年团；同年底，他与贺伯琼回到仪陇，为了便于地下工作，结为夫妻关系。1933年，席懋昭与贺伯琼又回到成都，由思维、刘春如介绍入党，先后担任中共成都北区区委组织干事、中共成（都）华（阳）市委宣传部宣传干事，1933年8月由组织派往邛崃、荥经等地从事地下革命活动。由于成都形势恶化，党内出了叛徒，党组织遭到严重破坏，席懋昭与组织失去联系。

1935年春，席懋昭辗转来到灵关镇，经长兄席伦推荐，与贺伯琼到灵关小学分别任校长和教导主任，在红军长征经过灵关时加入了中国工农红军。1935年6月，席懋昭接受组织安排护送陈云出川，经过十多天徒步行程，安全抵达重庆，并将陈云送上开往上海的轮船，顺利完成任务。1935年8月，席懋昭在阆中被捕，1937年3月获释出狱。1937年10月，席懋昭进入延安中央党校学习，更名为席克进。

1938年4月，中央组织部派席懋昭回四川做地下工作，先后辗转仪陇、泸定、天全、懋功、雅安、芦山一带开展工作，1948年3月18日不幸在雅安被捕，押解到重庆渣滓洞关押，1949年11月27日"一一·二七"大屠杀中牺牲，时年37岁。1984年5月28日，四川省人民政府决定，追认席懋昭同志为革命烈士，并追记大功一次。

红军伞

　　"红军伞"是位于宝兴县硗碛藏族乡咎落村山岗上的一棵松树，树干苍劲，枝繁叶茂，状如华盖，是为纪念安葬在此山岗的红军而栽种，故名"红军伞"。

　　1935年6月中旬，中央红军翻越夹金山时，正逢大雪纷飞，天寒地冻，气候恶劣，红军战士们长途行军，疲劳无比，再加上山上空气稀薄，战士们衣着单薄，许多负伤或生病的红军将士牺牲在了翻山的途中，这些红军将士的遗体未能及时得到安葬。当地的藏族群众从为红军带路的向导那里得知这一消息后，便自发组织起来，在一个晴朗的日子里，沿着红军翻山走过的山路，搜寻牺牲的红军战士遗体，并抬下山掩埋在硗碛场镇后的一个山岗上。为便于今后祭奠，同时寓意红军精神万古长青，藏族群众特地在英雄们的坟旁种下了一棵松树。

　　说起这棵"红军伞"，当地还流传着一个神秘的故事。就在藏族群众刚安葬完红军烈士不久，这一消息就被当地一个叫卡玛旺姆的头人知道了，他因不久前在阻击红军的战斗中被打断了一条腿，所以十分痛恨红军。得知此消息后，他便决定借此机会，挖开红军烈士的坟墓，暴尸荒野，以宣泄对红军的仇恨。白天，他因害怕其他头人和广大藏族群众的反对，不敢公开前去，只好在一个漆黑的夜晚，趁着夜深人静时，带着一群手下悄悄来到安葬红军烈士的山岗上，并借着火把的光亮开始挖掘烈士坟墓。就在这时，四周狂风乍起，发出呜呜的声响，继而是雷鸣电闪，下起瓢泼大雨，雨水浇灭了火把，那棵目前刚种下不久的松树也摇曳不止，发出似千军万马奔腾嘶鸣的声响，令在场的所有歹徒胆战心惊。他们丢下工具，双手抱头，喊着"红军来了"，便四处逃窜。头人卡玛旺姆也被吓呆了，在失去手下人搀扶的情况下，他寸步难行，只好坐在地上等死。第二天，山下几个藏族群众在去山上打柴路过红军墓时，发现红军墓被人挖过，便准备进行修复。就在此时，从不远处的树丛中传出一个人的叫声，他们走过去一看，正是断腿头人卡玛旺姆。只见他衣衫不整，手、脸满是被荆棘、石片划出的道道伤痕，目光呆滞，

全身瑟瑟发抖，嘴里还不住念着"红军来了，红军饶命"。这几个藏族群众便将他送回了山寨。此事过了不久，人们就听说断腿头人卡玛旺姆疯了，又过了不久，传出卡玛旺姆跌下山崖摔死的消息。不知缘由的人说，那是卡玛旺姆中了邪，知道事情真相的人们则说，那是红军烈士的英灵通过那棵松树显灵，最终惩治了卡玛旺姆这个坏蛋。从那以后，人们对这棵松树更加爱护，从没有人去攀爬。

现在，这棵松树已长成一棵蟠龙雨伞形大树，当地人称为"红军伞"。每逢清明，当地群众都要自发前去凭吊并在松树上系上红丝带，或挂上洁白的哈达，以此表达对红军烈士深深的怀念。

红军长征翻越夹金山

中央红军翻越夹金山

1935 年 6 月 6 日，红军攻克天全县城后，中革军委发布关于红军战略方针任务的指示，要求用一切努力，不顾一切困难，取得与红四方面军的直接会合。为此，红一、三军团主力在十八道水兵分两路：一路直插灵关；一路经老场去芦山。去芦山的红军打下芦山县城后，日夜兼程，到达双河场。在双河场又兵分两路：一路从芦山双石镇的西川翻垭子口到灵关；一路经太平、中林翻大瓮顶到宝兴县的盐井坪。红军的另一支部队从芦山县城出发，翻灵鹫山直抵灵关。

6 月 8 日中午，从芦山县双石镇经西川翻垭子口和从芦山翻灵鹫山的两支红军几乎同时到达灵关场。中央红军先遣部队马不停蹄溯宝兴河而上。在灵关中共地下党员和群众的支持下，红军主力部队顺利通过灵关，抵达宝兴。6 月 11 日至 12 日，毛泽东、周恩来、朱德等中央领导相继到达宝兴。

6 月 9 日，红军先遣部队从宝兴县城出发分两路（大部沿东河而上，小部向西河进发）向夹金山挺进。沿东河挺进的红二师第四团在陈光师长的率领下，经蜂桶寨、硗碛翻越夹金山。沿西河进发的红一军团第一师在师长李聚奎、政委黄甦、政治部主任谭政的率领下，经五龙、陇东、永富的中岗土巴沟翻越夹金山直达懋功。

6 月 11 日，红军先遣部队抵达硗碛寨。6 月 11 日下午 3 时左右，为尽快打通前进的道路，迅速与红四方面军会师，红军先遣部队经过头道桥、凉水井、扎角坝，于天黑时分到达夹金山下的菩生岗。6 月 12 日拂晓，红军先遣部队召开了出发前的简短动员会，9 时许，红二师第四团在陈光师长的率领下，经箐箕窝、一直箭、五倒拐翻越夹金山，当日下午与红四方面军第九军第二十五师第八十团在达维胜利会师。6 月 14 日，沿西河进发的红一军团第一师从中岗土巴沟上山，沿铜陵沟、图岩窝、九道拐、三道桥，爬程胡岭翻越夹金山，当天行程 60 余千米，到达懋功县城宿营。

6 月 17 日，毛泽东、周恩来、朱德等中央领导率中央纵队顺利越过夹金山。6 月 18 日，中央红军主力翻越夹金山到达懋功与主力会师。7

月 7 日，执行断后任务的第三十七团从蜂桶寨盐进坪撤离，并越过夹金山。至此，中央红军全部胜利翻越夹金山北上。

南下红军翻越夹金山

1935 年 10 月 20 日，张国焘以"军委主席"名义发布《天（全）芦（山）名（山）雅（安）邛（崃）大（邑）战役计划》，并提出"打到成都去！"的口号，将南下红军分成左、中、右三个纵队向川西挺进。左纵队以红九军政委陈海松为纵队司令员兼政委，率第二十七师和军直属第七十六团，翻夹金山向芦山大川进攻，得手后，立即兵分两路向大邑、邛崃出击，夺取敌军在岷江以西的防区领地。中纵队以红四方面军副总指挥王树声为纵队司令员，红三十军政委李先念为纵队政委，由红三十军军长程世才率领八十八师、八十九师，红九军军长孙玉清率领二十五师，红三十一军军长王树声（兼）、政委詹才芳率领九十三师在夺取宝兴、芦山后，立即向雅安、名山和蒲江进攻。右纵队以红四方面军总指挥部参谋长倪志亮为纵队司令员兼政委，由红四军军长许世友、政委王建安率领十师、十一师、十二师从丹巴经过大金川、金汤设置局、泸定县的岚安乡，翻二郎山夺取天全县；由红三十二军军长罗炳辉、政委何长工率领的红三十二军经汉牛、金汤向泸定、汉源、荥经佯攻，掩护左岸红四军的行动。

10 月 24 日，红三十军、红九军第二十五师从懋功出发，以迅猛之势，追击溃敌川军杨森残部。27 日，红八十八师在军长程世才的率领下，越过夹金山到达箐箕窝，击溃驻守在夹金山脚菩生岗的土豪杨森平、赵清明部队和川军二十四军第一旅第一团。31 日下午，王树声率中纵队一部沿东河而下，黄昏时分，抵达离宝兴县城约 6 千米的新磨坊；李先念率领中纵队一部从夹金山经宝兴西河向南挺进，击溃杨森在中岗、陇东一带的 3 个团，抵离县城 7 千米的羊村（今五龙乡）。11 月 1 日，红军经过两个多小时的鏖战，击溃企图固守在宝兴县城阻击红军前进的杨森部 3 个旅，于下午 4 时许占领灵关，直逼芦山县城。

南下红军翻越夹金山追敌到灵关，沿途总计俘敌 2 000 余人，缴获步枪 2 000 余支、轻重机枪 50 余挺、子弹无数，取得进入雅安的第一次胜利。

211

11 月 21 日，因战势不利，南下受阻，红四方面军总指挥部做出决定：不在名山、邛崃、大邑的阵地上与敌军拼消耗，全线转移到北起邛崃的九顶山，南经天台山、雅安五家口至名山的莲花山、蒙山一线防守。

1936 年 2 月 10 日前后，天全、名山、雅安、芦山等的形势日趋严峻，红四方面军 2 月上旬制定了《康（定）道（浮）炉（霍）战役计划》，于 2 月 11 日至 23 日陆续撤离天全、雅安、芦山。

2 月 23 日，红军总司令部第三梯队由红四方面军总政治部副主任曾传六率队撤离宝兴；第二梯队由红四方面军总指挥部参谋长倪志亮率队撤离。2 月底，红四方面军后卫部队主力撤离宝兴硗碛，翻越夹金山，经达维、懋功向西北转移。

六、景点链接

灵关石城景区

灵关石城景区位于宝兴县南大门灵关镇境内，地处宝兴交通要冲，国道351线可直达景区，距宝兴县城18千米，距成都180千米。灵关石城是开放式国家AAAA级旅游景区，主要有新场石街、青衣古街、汉白玉文化产业发展园、磨刀新村湿地公园、灵鹫佛等景点。

熊猫古城景区

"四川有熊猫，老家在宝兴"。熊猫古城位于宝兴县中心城区穆坪镇境内，是四川省首个以县城主城区为核心打造的国家AAAA级旅游景区。有红军长征翻越夹金山纪念馆；展示大熊猫800万年繁衍生息历程的滨江时光走廊，讲述红军长征红色故事及介绍宝兴珍稀动植物物种的汉白玉浮雕长廊；以"和平大使"身份进行国际交流的23只大熊猫为原型的熊猫雕塑主题公园；始建于明代永乐年间、保存完好的永福寺；冷木沟地质公园、穆坪土司官寨等景点。

蜂桶寨邓池沟景区

蜂桶寨邓池沟景区位于宝兴县蜂桶寨乡境内，距离成都 227 千米，是四川西部大熊猫生态旅游环线上的重要节点。景区面积约 120 平方千米，拥有蜂桶寨国家级大熊猫自然保护区（实验区及外围区域）、省级文物保护单位——邓池沟天主教堂、大熊猫宣传教育中心、蜂桶寨自然博物馆、多功能公众宣教中心、模式植物异地保护园、李家大院、戴维新村等景观景点。境内群山环绕，翠谷纵横，森林茂密，是大熊猫、金丝猴等珍稀动物的乐园和珙桐、连香树等珍稀植物的植根之地，有国家一级重点保护野生动物 46 种、国家重点保护珍稀植物 18 种。同时，这里也是世界上第一只大熊猫的科学发现地、命名地和模式标本产地，是大熊猫栖息地世界自然遗产核心保护区。最早发现大熊猫的法国传教士阿尔芒·戴维曾在这里从事生物多样性研究、传教和生活。2016年 9 月，景区正式获批成为国家 AAAA 级旅游景区。

硗碛藏寨·神木垒景区

　　硗碛藏寨·神木垒景区为国家 AAAA 级旅游景区、国家生态旅游示范区，位于宝兴县北部硗碛藏族乡境内，距离宝兴县城 58 千米，是大熊猫栖息地世界自然遗产核心区和夹金山国家森林公园的重要组成部分。景区面积达 100 平方千米，有高山草甸、原始森林、雪山湖泊、高山钙化池、红叶彩林等高品位的自然旅游资源，以及咎落村、泽根村、夹拉村、勒乐村等藏族村寨，毛泽东朱德长征旧居，硗碛湖等特色鲜明的人文旅游资源，是川西旅游环线、大熊猫生态旅游线、汶川大地震生命通道线上的重要节点，同时，也是《四川省森林旅游产业发展规划》

中确定的六大生态旅游区"川西高原科学考察森林生态旅游区"和"四川生态旅游专线"上最为重要的景区之一。

达瓦更扎景区

　　"达瓦更扎"为嘉绒藏语，意为"美丽的神山"。该景点位于宝兴县硗碛藏族乡嘎日村境内。海拔约 3 900 米之巅上的"观景台"，视野开阔，既可环顾夹金山、四姑娘山、帕格拉神山、贡嘎群峰等，也可观赏流云飞瀑、雪山草甸、森林湖泊、峡谷藏寨等各类景观，夜宿帐篷还可观星河美景、日照金山。达瓦更扎堪称四川境内继牛背山、轿顶山之后又一座 360 度观景平台。

雪山新村

雪山新村位于宝兴县穆坪镇，与宝兴县城隔河而望。雪山新村灾后重建定位为休闲旅游民俗度假村，规划设计方案由中国扶贫基金会牵头，联合 AIM 竞赛组委会面向全球征集后确定，并从 AIM 大赛优秀团队中筛选出山东建筑大学、清华大学、哈佛大学等高校的志愿者担任驻场设计。新村建设坚持农旅结合、一三互动的提升重建思路，以生态度假旅游和现代生态农业为主要支柱，依托特色资源优势，组建雪山新村"福民合作社"，创新"大掌柜"统一管理模式，探索"乡村酒店联盟"发展模式，做精做强民宿旅游产业，推动产村相融、一体发展。重建后的雪山新村已融入宝兴熊猫古城 AAAA 级旅游景区，逐步成为"业兴、家富、人和、村美"的幸福美丽新村。

戴维小镇

戴维小镇位于宝兴县蜂桶寨乡邓池沟村，距离宝兴县城 25 千米，重建规划用地 83.3 亩,安置重建户 39 户 168 人。灾后重建按照"科学规划、突出特色、分步实施"的原则，坚持把新村建设与产业发展相结合，全面完成市政基础设施、风貌塑造、绿化工程等，并同步完成水系景观、教堂、村综合服务中心等旅游新村配套服务设施建设。产业发展依托大熊猫文化宣传教育中心和百年天主教堂，积极挖掘熊猫文化、宗教文化，引导村民发展乡村旅游产业，打造集旅游观光、文化教育、产村相融于一体的精品旅游度假新村。

七、旅游线路

（一）红色旅游线路

陈云长征旧居—红军长征翻越夹金山纪念馆—红军栈道遗址—夹金山红色文化体验区、宝兴县烈士陵园—红军伞—红军长征翻越夹金山纪念碑—毛泽东朱德长征旧居—红军井—红军小道遗址—夹金山国家森林公园

（二）四季旅游推荐

1. 春：花卉彩林观赏游

推荐地点：东拉山春季彩林、万亩野生桂花，神木垒、空石林、达瓦更扎高山杜鹃，扑鸡沟辛夷花长廊

2. 夏：生态休闲避暑游

推荐地点：宝兴夏季平均气温低于 20℃，是避暑胜地。推荐游览神木垒红杉林，渔通沟五彩池，东拉山玉镜海、鹿井沟，空石林化石沟，邓池沟戴维小镇，夹金山漫山野花

3. 秋：金秋红叶观赏游

推荐地点：东拉山"红叶云涛""红叶朝雪"、十里彩林路、樵夫桥，神木垒红杉林，小黄山，硗碛湖岸雪山红叶，达瓦更扎云海日出

4. 冬：林海雪原体验游

推荐地点：夹金山，达瓦更扎，神木垒，青衣江源戏雪、赏雪，硗碛藏寨体验民俗

（三）旅游线路建议

1. 熊猫文化体验游

推荐地点：熊猫古城景区、蜂桶寨邓池沟景区（戴维新村、邓池沟天主教堂、大熊猫文化宣传教育中心、蜂桶寨国家级大熊猫自然保护区）

推荐行程：抵达熊猫古城 AAAA 级景区后，游览熊猫广场、冷木沟地质公园、穆坪土司官寨、水景街等景点；中午熊猫古城景区午餐，品尝牦牛肉、山鸡、腊排骨、香猪腿、老腊肉、时令山野菜等绿色食品；午餐后前往蜂桶寨乡游览邓池沟天主教堂及蜂桶寨国家级大熊猫自然保护区等景点，下午返程。

2. 藏乡风情体验游

推荐地点：和平藏寨、泽根藏寨、硗碛藏寨、嘎日村

推荐行程：抵达熊猫古城景区午餐后，出发前往硗碛藏族乡，游览和平藏寨、泽根藏寨、硗碛藏寨，晚上品尝藏家特色菜肴，入住藏家乐；第二天，早餐后游览神木垒、嘎日村传统村落、达瓦更扎后返程。

3. 乡村休闲度假游

推荐地点：田园大溪、曹家村、雪山新村、戴维小镇、硗碛藏寨

推荐行程：第一天，上午抵达大溪乡后，游览曹家村、烟溪村，中午品尝乡村农家菜、酒大碗，下午前往雪山新村，参观乡村特色民宿、知青房，晚上入住雪山人家客栈；第二天，游览戴维小镇，探寻熊猫发现史后前往硗碛藏寨，品味嘉绒藏乡风情，体验藏家休闲生活。

一日游线路：

成都—熊猫古城景区—蜂桶寨邓池沟景区—返程

成都—灵关石城景区—空石林—返程

成都—硗碛藏寨·神木垒景区—达瓦更扎景区—返程

成都—熊猫古城景区—东拉山大峡谷—返程

二日游线路：

成都—灵关石城景区—熊猫古城景区—东拉山大峡谷（住）—硗碛藏寨·神木垒景区—蜂桶寨邓池沟景区—返程

三日游线路：

成都—灵关石城景区—空石林—熊猫古城景区（住）—东拉山大峡谷—蜂桶寨邓池沟景区—硗碛藏寨·神木垒景区（住）—达瓦更扎景区—夹金山—返程

八、美食特产

硗碛香猪腿

硗碛香猪腿是猪肉制品类的极品。色红如玫瑰，香味纯正，吃上一片，口中久久留香。硗碛香猪腿选料极为苛刻，制作工序严格。原料必须是在野外放养至 75 千克左右的毛猪宰杀后，取四肢去皮，剔除肥肉的猪腿，经过特殊腌制、熏烤等工序加工而成，易保管，耐储藏。食用时，洗净煮（蒸）熟，切片装盘即可。

酥油茶

酥油茶是硗碛藏族家庭用酥油、茶膏、核桃、麻籽、花生、鲜鸡蛋、食盐等原料打制的高蛋白低脂肪、富含多种维生素的特色饮料，具有补充人体所需热能、解渴生津和助消化之功效。其原料为本地无污染的土特产品，且配方独到，制作精细，色如玉浆，咸淡适中，香味悠长，口感清爽。

宝兴蜂蜜

宝兴蜂蜜为大山药蜜，药质味甘，补中润燥。有黄色、白色两种，均具有高浓度，凝固性强，味道纯甜，易溶化，回味有药感等特色，亦属医疗药用佳品。

夹金雪菊

夹金雪菊采天地之灵气，吸海拔3 000米以上夹金雪山之精华。采用无公害种植，经由最完美的微波气流干燥新技术加工而成，使雪菊更多地保留天然有效

成分。用此菊泡的菊花茶，味道纯正，色泽金黄，含浓郁的花蜜清香，而且长时间冲泡也不散开变形。经现代医理证明：其具有止痢、消炎、明目、降压、降脂、强身的作用。可用于治疗湿热黄疸、胃痛食少、水肿尿少等症，并且有护肤美容的功能。

九、住宿推荐

1. 熊猫老家大酒店

地　　址：宝兴县穆坪镇沿江路

电　　话：0835-8066888

2. 盛朋酒店

地　　址：宝兴县穆坪镇顺城街

电　　话：0835-6868599

3. 云上竹里

地　　址：宝兴县穆坪镇

电　　话：0835-5908188

4. 上九佳源

地　　址：宝兴县穆坪镇

电　　话：0835-6821999

5. 卫佳商务大酒店

地　　址：宝兴县穆坪镇两河口街

电　　话：0835-6861666

6. 美豪酒店

地　　址：宝兴县穆坪镇

电　　话：0835-6866999

7. 格桑大酒店

  地 址：宝兴县硗碛藏族乡咎落村

  电 话：0835-6880998

8. 达瓦更扎生态主题酒店

  地 址：宝兴县硗碛藏族乡新场镇

  电 话：18908168880

9. 神木山庄

  地 址：宝兴县硗碛藏寨神木垒景区内

  电 话：13981639077

10. 林海山庄

  地 址：宝兴县硗碛藏族乡泽根村（新寨子）

  电 话：13795857919

11. 正康药家乐

  地 址：宝兴县陇东镇东拉山大峡谷

  电 话：0835-6858017

12. 雪山人家

  地 址：宝兴县穆坪镇雪山新村

  电 话：0835-6868889

13. 田姐家

  地 址：宝兴县穆坪镇雪山新村

  电 话：13568777271

14. 熊猫人家川湘居

  地 址：宝兴县蜂桶寨乡戴维小镇

  电 话：13568746076

15. 归园

地　址：宝兴县蜂桶寨乡戴维小镇

电　话：18783542108

16. 通天路客栈

地　址：宝兴县硗碛藏族乡嘎日村

电　话：13795858880

17. 戴维小镇

地　址：宝兴县蜂桶寨乡

电　话：13547428775

18. 云上达瓦森林酒店

地　址：宝兴县硗碛藏族乡嘎日村

电　话：18981607878

19. 雪山云里

地　址：宝兴县硗碛藏族乡嘎日村

电　话：13678084577

荥经县

红色旅游指南

YINGJING COUNTY

一、荥经县概况

县情概况

荥经县地处四川盆地西缘、雅安市中部，北望成都，南通云贵，东邻峨眉，西连汉源。荥河、经河在县城两合水汇合成荥经河，荥经县由此得名。全县面积 1 777 平方千米。

荥经县属亚热带季风气候，四季分明，雨量充沛，年平均气温 15.3℃，年平均降雨量 1 253 毫米左右，境内森林覆盖率达 80.3%，全县最高海拔 3 666 米，最低海拔 700 米，近 3 000 米的高差带来丰富的动植物，县内分布陆生野生动物 377 种，植物约 160 科 560 属 1 050 种，其中有被誉为国家一级重点保护的植物珙桐 1.3 公顷，被誉为"中国珙桐之乡"。荥经县是绿色走廊、生态屏障，素有"天然氧吧"之称。

荥经历史厚重悠久。新石器时代，已有先民在此生息繁衍，相传为华夏人文始祖三皇五帝之一的颛顼帝故里。春秋时期，岷山庄王在此监管至丽水、金沙的运金（铜）通道。汉代的南方丝绸之路途经荥经走向祖国西南和世界。唐宋时期经济命脉川藏茶马古道的多个驿站坐落荥经，商贾繁荣。战国时秦惠文王更元十三年（公元前 312 年）已置严道县，隶于蜀郡。西汉文帝前元五年（公元前 175 年），赐幸臣邓通于严道铜山冶铜铸钱。隋炀帝大业三年（607 年），复置严道县，设荥经

水口戌（今严道镇），隶属严道县，"荥经"一名始见。唐高祖武德三年（620年）改置荥经县，隶属雅州，治所在今荥经县城。元至元三年（1266年），荥经县入严道县，置巡检。明洪武十三年（1380年）复置荥经县（"荣"字改"木"从"水"，始用"荥经"二字），隶属雅州。1935年，荥经县属四川省第17行政督察区，现隶属雅安市。2020年末常住人口13.15万人。

荥经县文化底蕴深厚。荥经是著名的砂器之乡、四川省历史文化名城和革命老区，还是文物和非物质文化遗产大县，县博物馆内馆藏文物6 000余件，其中国家一级文物42件，有全国重点文物保护单位"严道古城遗址""何君尊楗阁碑""开善寺正殿"，还有国家级非物质文化遗产"荥经黑砂烧制技艺"和省级非物质文化遗产"棒棒鸡""挞挞面"和"过山竹号"等。

红色文化概况

1929年夏季，受中共川西特委派遣，由荥经籍中共地下党员黄维新、黄映朝等人回荥经组织革命武装力量。1940年6月，国立西康学生营（1943年更名为"国立西康初级实用职业学校"）迁至荥经花滩坝、堡子坝，由地下党江标、董德鉴、辛琪、冯一民、孙雪放、陶素石等人在学生中开展地下工作，进行抗日救国宣传。1948年8月以后，部分地下党员以民盟盟员身份来荥经开展工作，筹建民盟组织，做筹划转化当地武装力量的工作，6月，民盟西康省筹委在荥经宝子山策划成立。1949年夏秋季，中共荥经县支部成立。1950年2月9日，荥经宣告和平解放。

1935年6月2日至8日，中央红军兵分两路途经荥经县境。一路系中央红军总部率主力部队和中央机关、中革军委机关人员从泸定县化林坪出发，经观音阁进入荥经县大桥头（今牛背山镇双林村）、茶合岗、黍子地，翻越泡桐岗，经过肖家坝、王家坝，翻越青山垭进入天全县境。另一路系中央红军干

部团、红一军团第二师第四团、红三军团第十三团，从泸定县化林坪翻越飞越岭进入汉源县境，从汉源县打马岗、甘竹山、泥巴山等多处进入荥经县境，在新庙子（今新庙场）会合，经泗坪、小河场（后称荥河场）、懒板凳，翻越垭子口进入天全县境。11月23日，红四方面军兵分两路从天全南下荥经。一路由红三十二军军长罗炳辉等率部从天全县经垭子口、懒板凳、小河场、米滩场（今花滩场），向荥经县城挺进。另一路由红四军军长许世友等率部从天全县峡口坝经石家桥、新添站，向荥经县城挺进。红军占领荥经县城后，组建县委、县苏维埃政府、县游击大队，其中组建区以下三级苏维埃政权34个，组建区以下三级游击队36支，他们开展打土豪、分田地的活动。12月12日至14日，红四军一部开展羊子岭、麂子岗阻击战，掩护红军主力和机关从荥经县城安全撤离到天全县。1936年1月1日至3日，红三十二军一部开展太阳山等6地阻击战后，撤至荥经县和天全县交界的垭子口防守。

荥经县内有红四方面军第三十二军军部旧址、荥经县苏维埃政府遗址、北区苏维埃遗址、红四军医院遗址、胡长保牺牲地及原安葬地遗址、中央红军翻越泡桐岗遗址、羊子岭和麂子岗阻击战遗址、太阳山等6地阻击战遗址、黍子地毛泽东长征旧居、黍子地周恩来长征旧居、程子健故居、周文故居遗址、李止舟故居遗址、胡长保烈士纪念馆、荥经县烈士陵园、解放军七烈士原安葬地等革命遗（旧）址。荥经县烈士陵园已被命名为省级爱国主义教育基地，胡长保烈士纪念馆为雅安市中共党史教育基地。

二、红色景点

胡长保红色教育基地

　　胡长保纪念广场位于荥经县牛背山镇建政村茶合岗，是当年胡长保的牺牲地。建政村是荥经县海拔最高、幅员最大、距离县城最远的村，也是红色老区、生态文化旅游特色村。该村主导产业为厚朴、黄檗等中药材，除了胡长保纪念广场外，还有毛泽东、周恩来长征旧居等红色旅游资源，也有泡桐岗瀑布和"亚洲最大的360度观景平台"牛背山景区等著名的生态旅游景点。

　　1935年6月2日，中央红军主力部队和中央机关人员从泸定县化林坪出发，经观音阁进入荥经县境，然后翻越泡桐岗，向天全县

挺进。泡桐岗遗址位于荥经县牛背山镇建政村与新建乡和平村的交界山，海拔 2 154 米，上下数十千米，山势险峻陡峭，层峦叠嶂，沟壑纵横，古木参天，人迹罕至。因连续 3 天下雨，泡桐岗坡陡路滑，荆棘丛生，红军行进艰难。毛泽东、周恩来等中央领导和红军战士同甘共苦，喝雨水、嚼干粮、宿荒野，用 2 天时间艰难翻越原始森林泡桐岗。

1935 年 6 月 4 日，中央红军主力部队和中央机关、中革军委机关人员途经茶合岗时，几架敌机从黍子地方向急速飞来在上空盘旋，并投下多颗炸弹，毛泽东主席的安全受到严重威胁。在这千钧一发之际，胡长保腾空跃起将毛泽东主席扑倒在地，用身体掩护毛泽东主席而不幸中弹光荣牺牲，那时他才刚刚过 20 岁！毛泽东主席和红军指战员含泪将胡长保遗体掩埋在深基湾两座古墓之间（今牛背山镇建政村 2 组东侧）。胡长保同志"铁心跟党干革命，理想之光耀征程。捍卫核心尽职守，一腔热血铸忠诚"的革命精神，是所有革命战士赤子之心的真实写照，并始终激励着这片土地上的人们。

2019 年，牛背山镇启动胡长保红色教育基地建设。现已建成一期胡长保纪念广场，占地面积 1 000 平方米，包括胡长保烈士半身塑像、红军长征文化展示墙。广场中央立胡长保塑像台，塑像台前长形石板雕刻胡长保简介，外搭建观景平台，可远眺红军翻越泡桐岗垭口；广场周边设立展架，绘制红军长征在荥经行军图，细节具体到地点，形成一图一故事，由南至北以时间顺序排列，便于游客了解红军长征经过荥经的艰苦战斗历程，同时得到保护修缮的毛泽东、周恩来长征旧居也作为红色

遗址向游客开放。二期规划占地面积约 1 667 平方米，规划为影响中华人民共和国百名红色人物雕塑群。三期规划占地面积约 1.33 万平方米，建成一个特色鲜明、内涵丰富、功能完善的红色文化小景区，以红色精神带动绿色发展，以红色精神改善人居环境。把红色文化有机地融合到旅游活动的吃、住、游、购、娱……

目前，泡桐岗瀑布景点道路通畅，胡长保纪念广场，毛泽东、周恩来长征旧居，泡桐岗瀑布＋重走长征路"三点一线"的红色文化布局，让胡长保纪念广场成为荥经县又一个革命传统教育基地和党性教育基地。

三、红色遗址

荥经县苏维埃政府遗址

荥经县苏维埃政府遗址位于荥经县严道街道人民路东一段63号。

1935年12月1日，红四方面军第四军、第三十二军和荥经县各区等苏维埃负责人、游击队员及部分民众在太湖寺大殿前集会，荥经县苏维埃政府、荥经县游击大队宣告成立，杨春和任荥经县苏维埃政府主席，叶万荣、龙海云为委员，王怀钊（后王仕文）为文书。

荥经县苏维埃政府成立大会旧址

一位丁姓红军指挥员兼任县游击大队大队长，彭学江任副大队长。集会正在进行时，突遭敌机轰炸，其中第二颗炸弹落在太湖寺毗卢殿的耳房，炸死背货的民工2人。红军干部学校设在太湖寺大殿内，广泛传播革命理论。

在红军的帮助下，县委、县苏维埃政府先后组建县游击大队1支3个连，区游击队4支，米滩坝、新添站（区下辖坝，1936年设联保，1940年由联保改称乡、镇）等游击队6支，富林坝、马鞍池、石家桥、豆子山、县城北街（1936年设保，1951年4月废保设村）等游击队26支，全县游击队员达1570余人，全力以赴参加打土豪、分田地，配合红军作战，为红军运送弹药、粮食和抬送伤员。

2015年5月初，中共荥经县委、荥经县人民政府在位于太湖寺西侧吊桥附近的草坪，建造荥经县苏维埃政府成立大会旧址纪念碑，长2.7米，高2米。

黍子地毛泽东长征旧居

中央红军长征途经荥经，毛泽东主席等在黍子地住过的旧居，位于今荥经县牛背山镇建政村3组，距荥经县城约56千米，距牛背山镇政府驻地约5千米。该房为8进16间一楼一底木结构，建筑面积约220平方米。

1935年6月4日，毛泽东、周恩来、朱德等中央领导率中央红军主力部队及中央机关人员从泸定县化林坪出发，经观音阁进入荥经大桥头、茶合岗、黍子地。因连续下雨，4日至6日，毛泽东、周恩来、朱德等中央领导在黍子地休整。毛泽东居住在今建政村杨奇烈家。2015年11月，黍子地毛泽东长征旧居被中共荥经县委首批命名为荥经县中共党史教育基地。

红四方面军第三十二军军部旧址

红四方面军第三十二军军部旧址位于荥经县花滩镇花滩村 5 组，红四方面军第三十二军军部旧址为木结构瓦房，现保存基本完好，建筑面积为 276 平方米，包括罗炳辉居室、指挥部作战室、警卫室、卫生所。

1935 年 11 月 23 日，红四方面军右纵队第三十二军由军长罗炳辉、政委何长工、参谋长郭天明等率领，从天全县经垭子口、苦蒿沟、小河场向荥经县城进军，与红四军会合占领荥经县城。红三十二军军部驻米滩坝尹家坎，重点防守荥经县米滩坝至汉源县一带。红三十二军驻守期间，广泛发动群众，帮助建立各级苏维埃和游击队，打土豪、分田地，动员广大青年参加红军。

2015 年 11 月，该旧址被中共荥经县委命名为首批荥经县中共党史教育基地，也是荥经县革命传统教育重要场所。2018 年，院坝西侧修建钢结构宣传橱窗，长 6.6 米，高 1.9 米，主题为红四方面军第三十二军浴血奋战在荥经。

中央红军翻越泡桐岗遗址

中央红军翻越泡桐岗遗址位于荥经县牛背山镇建政村与荥河镇和平村的交界山。泡桐岗海拔2 154米，上下数十千米，山势险峻陡峭，层峦叠嶂，沟壑纵横，荆棘丛生，人迹罕至。

1935年6月7日，毛泽东、周恩来、朱德等中央领导和中央纵队从荥经黍子地出发，开始翻越泡桐岗，向天全县挺进。因连续3天下雨，泡桐岗坡陡路滑，荆棘丛生，红军行进艰难。毛泽东、周恩来等中央领导和红军战士同甘共苦，喝雨水、嚼干粮、宿荒野，用2天时间成功翻越泡桐岗。

原址现为原始森林。

四、纪念场馆

解放军七烈士纪念广场

解放军七烈士纪念广场位于今荥经县荥河镇烈士村境内，占地面积 6 000 平方米，离国道 108 线北侧的荥河长征桥约 3 千米。广场西侧采用玻璃钢制作的岗家山七烈士塑像，长 4.5 米，宽 1.65 米，

高 4 米。广场北侧为砖混结构宣传墙，长 5.1 米，宽 0.4 米，高 2.5 米，内容为岗家山一带剿匪简介、解放军七烈士简介。解放军七烈士原安葬地占地 214.5 平方米，现保存完好，"革命烈士永垂不朽"纪念碑石刻位于烈士陵墓东侧的巨石之上。解放军七烈士墓地、纪念广场是开展中共党史教育、党的优良传统教育、爱国主义教育、社会主义核心价值观教育的重要基地。

红军奋战在青龙·羊子岭阻击战纪念馆

红军奋战在青龙·羊子岭阻击战纪念馆位于荥经县青龙镇沙坝河村。

红军奋战在青龙·羊子岭阻击战纪念馆面积约 25 平方米，主要展陈内容为红四方面军浴血奋战在青龙和青龙镇老红军、武警部队原副司令员黄英夫以及原雅安专署党组书记、副专员刘国钦等的图文资料。2015 年 11 月，该纪念馆被中共荥经县委首批命名为荥经县中共党史教育基地。

荥经县烈士陵园

荥经县烈士陵园位于荥经县严道街道青仁村小坪山。园内有烈士墓群、老红军墓群、人民革命烈士纪念碑、胡长保烈士纪念馆、廉洁文化宣传教育橱窗等建筑群，形成陵园、园林为一体的建筑风格。每年清明节以及自 2014 年 9 月 30 日首个烈士纪念日公祭活动起，县内外各机关和企事业单位、各学校师生以及社会各界人士前往荥经县烈士陵园，为长眠于此的革命先烈敬献花圈、花篮，清扫墓地，深切缅怀革命烈士的丰功伟绩。荥经县烈士陵园是县内外各机关和企事业单位等党支部开展微党课、主题党日活动的重要场所。

2015 年 7 月 10 日，胡长保烈士纪念馆被中共雅安市委党史研究室首批命名为雅安市中共党史教育基地。

荥经县红色文化展厅

　　荥经县红色文化展厅位于荥经县博物馆二楼第四展厅内，使用面积 70 多平方米。主要内容为胡长保舍身保卫毛泽东主席的塑像，包括前言，中国工农红军长征路线图，红军在荥经县行军及作战示意图，中央红军长征途经荥经，红四方面军浴血奋战在荥经，岗家山一带剿匪斗争，荥经早期革命先驱程子健、周文、李子舟简介。该展厅综合呈现了荥经红色经典。周文纪念馆位于县博物馆二楼第四展厅内的荥经县红色文化展厅之后，在县城青少年学生校外活动中心原周文纪念馆的基础上适当修改，并由周文的子女增添部分图文资料后，与荥经县红色文化展厅同时开馆，是荥经县开展微党课、主题党日活动的重要场所。

五、主题故事

胡长保舍身保卫毛主席

我叫陈昌奉,当年胡班长舍身救毛主席的时候,我就在旁边。每当夜深人静时,我常常想起他腾空一跃,扑向毛主席的情景。

1935年6月4日,中央红军主力部队和中央机关人员从汉源县化林坪出发,经观音阁进入荥经县境。毛主席因有事没赶上中央机关的队伍,就和卫生部一起行进,胡班长带着我,跟在主席身边。

行军途中,部队不断遭到敌机轰炸,胡班长和我时刻在主席周围保护着。路过荥经县茶合岗时,由于这片地带比较开阔平坦,部队要想完全隐蔽行进是不可能的,只能硬着头皮快速前进。忽然有3架"黄膀子"敌机从黍子地方向疯狂地向我们冲来。毛主席当时手里拿着一本书,敌机来了,他偶尔抬起头看看。说来也怪,以往的敌机总是先盘旋一阵子才投弹、扫射,可这次来袭的敌机像是早已锁定目标,刚冲下来,就传来刺耳的啸叫声。我立刻意识到,敌机投弹了,情急中喊了声:"主席!"几乎就在同时,我听见胡班长对我大喊:"陈昌奉!主席!"话虽简单,但我完全明白他呼唤我保护主席。在这千钧一发之际,只见胡班长腾空跃起,将主席扑倒在地,我也急忙往主席身边奔去。可是刚跑出几步,几颗炸弹带着尖锐的啸叫声,在我们身边爆炸。我被爆炸的气浪推倒,主席和胡班长也被烟雾罩住了。

我从地上爬起来,见到主席满身是土,蹲在胡班长身边。胡班长也满身是土,敌机炸弹片深深地打进了他的肚子里,他双手紧捂着肚子躺在地上,强忍着巨大的伤痛,一声不吭,头上布满密密麻麻的汗珠。

毛主席用手轻轻地抚摸着胡班长的头,急促地说:"快,给他上药!"

胡班长向主席摆了摆手，满是尘土的嘴微微抖动着："主席我不行了！不要浪费药了！你们继续前进吧！"

主席把胡班长的头放在自己的臂弯里，让钟福昌给他包扎伤口，轻声说："胡长保同志，你不要紧的，坚持一下，我们把你抬到黍子地，找医生医治一下就会好的。"

胡班长的头在主席怀里转动了下，急切地说："主席，我不能让你们抬着我走，我不行了，血全流……流在肚子里了！我没有牵挂，我死后，如果有可能，请您转告我的父母，他们住在江西吉安……只可惜我不能跟您一起去我们新的根据地，不能跟您打鬼子了！祝……革……命……胜……利……"

胡班长说完那几句话后，便永远闭上了眼睛，那时他才刚刚过20岁！毛主席禁不住潸然泪下，我们也哭了。毛主席悲痛地将胡长保轻轻地放在地上，将自己的被子盖在了胡班长身上。由于当时行程紧急，毛主席和我们将胡班长遗体掩埋在黍子地的深基湾古墓旁，而后转身继续长征。

六、景点链接

云峰山与云峰寺

　　云峰山国家 AAAA 级旅游景区以云峰寺为核心，位于荥经县青龙镇柏香村境内，古称"西蜀名刹""严道奇观"，距成都 140 千米，经成雅高速和国道 108 线均可直达。云峰寺三面环山，左"青龙"，右"白虎"，背倚"马耳双峰"，旁临"九龙溪泉"，植被充足，四周桢楠、银杏、古杉、紫荆、黄桷楠等古木参天，浓荫蔽日，空气清新，

环境幽静，是难得的旅游观光胜地。云峰寺为先秦严道古城著名的辟支佛道场，以佛教为主兼容"儒、佛、道"三种传统文化，始建于唐、兵毁于元、重修于明、续修于清、复修于今，其著名景观有"三奇""三绝"。寺内建筑分为左右长廊厢房、亭台膳院依山叠造，山门殿、弥勒殿、观音殿、毗卢殿、大雄宝殿、藏经阁、圆通宝殿七重大殿由低而高，逐殿拾级而上，磅礴轩昂，古建筑藏经阁飞檐雕梁，画栋花敦，十分精美。1991年，云峰寺被列为省级文物保护单位。2001年，全国著名高僧之一的清德大和尚出任云峰寺住持方丈，维修新建云峰寺。现寺院面积近100亩。

开善寺

开善寺也称开山寺,位于荥经县严道街道民主路 129 号,属全国重点文物保护单位。该寺正殿建于明成化十二年(1475 年),为抬梁式木结构建筑,原是朝拜瓦屋山佛教圣地辟支佛道场的第一寺院,即由此起香进山,开善寺有从此开始行善之意。寺殿为全楠木结构,前后檐各有斗拱八朵,结构精湛,构思巧妙;阑额饰深浮雕,精致细腻,线条流畅;天花板采用深浮雕用金箔装饰,通饰彩绘,富丽堂皇,雄伟气派。开善寺对研究古建筑艺术、研究佛教内涵具有极高的学术价值。

龙苍沟国家森林公园

　　龙苍沟国家森林公园位于荥经县城东南 30 千米的龙苍沟镇境内，自雅西高速公路 2011 年开通后，该地距离成都行程不足 2 小时，是离成都较近的国家级原始森林公园。龙苍沟国家森林公园占地约 11.3

万亩，森林覆盖率 97.5%，属亚热带湿润气候区，四季分明、气候温和、雨量充沛。该地年平均气温 12.4℃，最冷的 1 月平均气温 -7℃，最热的 7 月平均气温 22℃。公园内莽莽林海，溪瀑众多，环境幽雅，空气清新，风光迷人，春观杜鹃、珙桐，夏避酷暑，秋赏红叶，冬戏瑞雪，以"美在自然、贵在原始"而著称。

2000 年，龙苍沟国家森林公园被评为国家森林公园，园内有珍贵资源——被誉为植物界大熊猫的珙桐树上万亩。2014 年，建成叠翠溪公园，可游览面积约 157 公顷，主要是一条长度约为 7 千米的生态溪游赏线路，并提供观光车接送服务。其中有大小景点 10 余个，自然景色优美，空气负氧离子含量高，水资源丰富。

牛背山

　　牛背山位于荥经县牛背山镇瓢儿沟，即为荥经县最高山——海拔3 666米的野牛山的山顶平台。牛背山因山顶一面悬崖有巨石突出酷似牛头，山脊细长貌似牛背而得名。牛背山的山梁上有约4 000平方米的

平台，视野开阔，浑然一个天然的360度观景平台，脚下随处可见的瀑布云让人感觉好似空中漫步，四周连绵不断的群山错落有致，层次分明，雪山连绵，时隐时现，如海中孤岛、云海翻腾、变化莫测，被誉为"亚洲最大的360度观景平台"，是绝佳的摄影圣地。

七、旅游线路

（一）旅游线路建议

新添站—茶马古道—荥经县红色文化展厅—砂器一条街—何君尊楗阁碑—牛背山

开善寺—荥经县烈士陵园及胡长保烈士纪念馆—云峰寺—龙苍沟国家森林公园

麂子岗阻击战遗址—红军奋战在青龙·羊子岭阻击战纪念馆—红四方面军第三十二军军部驻地旧址—黍子地毛泽东长征旧址—胡长保牺牲地及原安葬地遗址—泡桐岗

（二）红色旅游线路分布

1. 牛背山镇

建政村黍子地毛泽东长征旧居，深基湾胡长保烈士原安葬地，茶合岗胡长保烈士牺牲地，中央红军翻越泡桐岗遗址

2. 荥河镇

周家村北区苏维埃遗址，太阳山、周家山、张家山、黄猫岗红四方面军第三十二军阻击战遗址，烈士村解放军七烈士纪念广场、解放军七烈士原安葬地，冯家村国道108线北侧解放军烈士塑像，和平村红军长征过泡桐岗纪念碑，和平村懒板凳、紫炉村王家山红四方面军第三十二军阻击战遗址

3. 花滩镇

花滩村红四方面军第三十二军军部驻地旧址

4. 青龙镇

沙坝河村红军奋战在青龙·羊子岭阻击战纪念馆，红四方面军麂子岗阻击战遗址石刻，柏香村云峰寺大殿前荥经县苏维埃政府、荥经县游击大队成立大会旧址，云峰寺大殿内红军干部学校旧址，羊子岭红四方面军第四军阻击战遗址，茶地坡红四军团部遗址

5. 严道街道

颛顼广场荥经县红色文化展厅，荥经县烈士陵园内的人民革命烈士纪念碑、胡长保烈士纪念馆、胡长保烈士墓、解放军刘玉忠等七烈士墓、蒋兴龙等三烈士墓、老红军墓群等，人民路东一段63号后面荥经县苏维埃政府遗址，同心村树德堂红四军医院遗址

八、美食特产

荥经棒棒鸡

荥经棒棒鸡又叫荥经凉拌鸡，取味椒、麻，又称椒麻鸡。制作宰片时，多以木棒敲打助力，又名棒棒鸡。传统经营中，多盛于土陶钵，淋上作料，手托游售于茶坊酒肆，故又称钵钵鸡。凉拌椒麻鸡切片分明，色泽鲜艳，盛

入盘、钵中，鸡片罗列成凤眼重重，极似孔雀开屏。主味麻辣，入口爽适，脆而不腻，易于咀嚼和消化，为饮酒佐膳之美肴，为待客上品。

荥经椒盐饼子

荥经椒盐饼子为荥经传统名食，乃酥锅盔的代表品，属"千层片酥"。香、脆、进口化渣是其主要特色。该品虽饱含油酥，但观之无油，触之不腻手，食之有油，噬之不腻口，冷热均酥松柔，不碍齿。

荥经凉粉

荥经凉粉选用山区纯天然豌豆为主料，经手工淘、泡、磨、滤、沉、滗、熬、炒、凉等传统工艺精制而成，不掺任何化学制剂，口感具有细腻香脆、清纯自然、回味悠长之特色。可作主食，也可佐餐，可煎可炒等。

荥经挞挞面

荥经挞挞面历史悠久，历来为荥经县内外知名小吃。其特点是手工制作，主要经过调、和、揉、挞等工序，主要有牛肉、杂酱、大肉、排骨、海味、三鲜等10多种风味，配以考究的作料，色、香、味俱全，软、脆、滑适度，深受广大顾客喜爱。

荥经天麻

荥经天麻系名贵中药材，有乌杆、水红杆、红杆、青杆、黑杆、白杆等。天麻能调节大脑神经，促进新陈代谢。功能为祛风定惊、平肝息风，主治头晕目眩、肢体麻木、风湿疼痛、小儿惊风、高血压等症。荥经天麻质量好，疗效奇特，远销国内外。

荥经黑砂

荥经黑砂有着两千多年的烧制历史，与江苏"宜兴紫砂"齐名。荥经黑砂以"荥经砂锅"闻名，是以本地盛产的一种黏土和煤灰，经过 1 000℃以上的高温烧制而成。荥经黑砂质地古朴，抗腐蚀，耐酸碱，不起化学反应，储存食物不易变质，能保持食物营养成分和食鲜味美，因此广受赞誉，经久不衰。2008 年，荥经黑砂手工制作技艺被列入国家级非物质文化遗产名录。

荥经竹笋

荥经竹笋品质优良，肉厚嫩脆，尤以方竹笋、白荚竹笋和苦竹笋品质最佳。苦竹笋味苦而甘，具有保健美容作用，其特别的清香和苦味深受广大消费者喜爱。荥经笋干的生产历史悠久，声誉良好。

九、住宿推荐

1. 古城大酒店

  地　址：荥经县严道街道荥兴路西一段

  电　话：0835-7623688

2. 七星园酒店

  地　址：荥经县严道街道青华街

  电　话：0835-7730888

3. 蜀西大酒店

  地　址：荥经县严道街道荥兴路西二段

  电　话：0835-7635888

4. 罗霄酒楼

  地　址：荥经县严道街道康宁路

  电　话：0835-7825818

5. 瓦屋酒家

  地　址：荥经县严道街道荥兴路东一段

  电　话：0835-7621446

6. 鸽子花大酒店

地　址：荥经县城南小溪口

电　话：0835-8068888

7. 鸿林大酒店

地　址：荥经县严道街道荥兴路鸿林新城

电　话：0835-5800888

8. 经河度假村

地　址：荥经县附城乡南罗坝村

电　话：0835-7827888

9. 虎林山庄

地　址：荥经县龙苍沟镇发展村

电　话：0835-5803888

汉源县

红色旅游指南

HANYUAN COUNTY

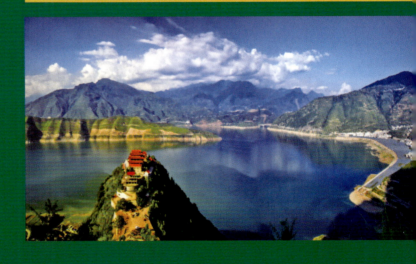

一、汉源县概况

县情概况

汉源县位于雅安市西南部、大渡河中游，东邻金口河区和洪雅县，南连甘洛县，西靠泸定县和石棉县，北接荥经县。汉源县是四川盆地通往藏、滇、黔的咽喉，有"川南第一门户"之称，古今均为交通要道。全县面积2 382平方千米。

汉源县属亚热带季风性湿润气候，冬暖夏凉，四季分明。四周环山，谷深岭高，加之大相岭东北亘阻，有大凉山北部大陆气候特点，高地寒冷，河谷炎热，雨量偏少且不均，气候垂直变化十分显著。境内日照充足，光热资源丰富。特殊的气候条件，给汉源带来了"花果之乡""阳光汉源"的美誉，成为人们休闲康养旅游的绝佳之地。

汉源至今已有两千多年的建制史，汉文化与藏文化、中原文化与南诏文化在此融汇，境内有"富林文化""麦坪遗址""桃坪遗址"以及南方丝绸之路、茶马古道、乐西抗战公路等历史遗迹。先秦时期，汉源县古名笮都，属蜀国。秦惠文王更元九年（公元前316年），秦灭蜀国设蜀郡，属蜀郡管辖。西汉武帝元鼎六年（公元前111年），汉武帝平定西南夷，在汉源设省级建置——沈黎郡，郡治笮都，成为汉源建置之始。隋文帝统一全国后，将黎州改为登州。隋炀帝大业元年（605年），以汉水（流沙河）源于境内始称汉源县。唐玄宗天宝元

年（742年），黎州改称洪源郡，后改汉源郡，阳山县改称通望县。五代时期，置黎州，辖汉源、通望二县。宋仁宗庆历六年（1046年），将通望县并入汉源县。元至元二十年（1283年），改黎州为黎州安抚司（正三品），辖汉源一县，管理彝、羌、獠族，隶于吐番等处宣慰司。明洪武八年（1375年），汉源县置黎州长官司（正六品），治地清溪。清康熙二十年（1681年），平吴三桂后，合黎州千户所和大渡河千户所为黎大所，隶属雅州，治所清溪。雍正七年（1729年），雅州升为雅州府，改黎大所置清溪县，县治清溪，隶雅州府。民国3年（1914年），恢复古称汉源县。1950年3月，汉源解放，成立汉源县人民政府，县治由清溪迁九襄，隶属西康省雅安专员公署。1952年10月，县政府驻地迁富林。1955年10月，西康省并入四川省，汉源县隶属四川省雅安专区。2000年12月，雅安撤地设市，汉源县隶属雅安市。2020年末常住人口28.56万人。

红色文化概况

1933年至1934年，西昌籍中共地下党员廖质生在汉源发展党员，从此革命的火种便在汉源逐渐蔓延开来。1933年春，在大树堡（时属越西，现属汉源）建立了第一个党组织——中共越西县乡村简易师范学校支部。1934年春，在富林镇建立中共汉（源）越（西）总部（省委称"越西特支"）。1936年冬，汉源籍中共地下党员任炽昌被中共四川省工委派回汉源开展党的组织工作，在富林联合开办"汉源富文书店股份有限公司"，以此作为党组织的秘密联络点，发行进步书刊，推销《新华日报》，宣传马克思主义，培养青年，积极开展建党工作。

1935年5月22日，中央红军第一方面军一军团参谋长左权率领二师五团和军团侦察队进入汉源，强攻大树堡，佯攻富林，掩护红军主力飞夺泸定桥、强渡大渡河。在大树堡胜利完成佯攻富林任务后，折回晒经关，取道河南乡，翻竹马垭口赶

往安顺场与主力部队会合。汉源人民支援中央红军和红四方面军，在中国共产党的领导下，与国民党反动派展开了艰苦卓绝的斗争，为红军长征胜利会师做出了巨大贡献。

抗日战争时期，汉源县人民积极参加抗日救亡运动。抗战初期，汉源征集抗日兵员 1 137 名。1940 年 10 月，汉源为修筑乐西公路，投入民工 7 520 人。蓑衣岭段工程最艰巨，伤亡 3 000 多人，其中，最险峻的蓑衣岭至岩窝沟 25 千米，在海拔 2 745 米的悬崖绝壁筑路，施工中 125 名工程技术人员和民工身亡；乐西公路是用血肉筑成的抗战血路。

解放战争时期，汉源党组织不断向群众宣传革命大好形势，发动群众开展对敌斗争，派出地下党员调查地主豪绅、乡保人员的枪支弹药和粮食储存情况，秘密侦探、监视敌特动态，不断发动群众援助起义部队进行抗敌斗争。组建大渡河人民游击队，扼守大渡河天堑，与乐山、彭山等地武装配合截击敌军。

汉源县内有坭头苏维埃委员会旧址、富文书店联络站旧址、"十全会"联络站旧址、红四方面军第三十二军军服加工厂旧址、罗炳辉讲演地旧址、大树堡渡口佯攻富林遗址、三牙关战斗遗址、飞越岭战斗遗址、大相岭草鞋坪战斗遗址、吕瑛故居、任炽昌故居、河南乡中央红军标语等。中共汉源县委、汉源县人民政府依托丰富的红色旅游资源、农业资源、自然资源、人文风情，启动了月亮湾金钟山创建国家 AAA 级旅游景区项目，修建了红军广场，大力发展绿色生态游、红色文化游、特色民俗游。

二、红色景点

红军广场

红军广场位于汉源县大树镇麦坪村，坐落于汉源湖畔，属月亮湾金钟山景区的一部分。

1935 年 5 月 20 日,中央红军长征抵达泸沽。为掩护主力部队从石棉县安顺场强渡大渡河，中革军委决定:由第一军团参谋长左权、第二师政委刘亚楼率二师五团三营、二师侦察连和军团便衣侦察队，抢占大树堡、佯攻富林，吸引敌人。23 日清晨，红军佯攻部队从海棠

出发，向大树堡飞速前进，下午抵达晒经关。24日下午，占领大树堡。24日至25日，左权、刘亚楼亲临大渡河南岸大树堡渡口，指挥佯攻。一方面在渡口砍竹扎筏，集木造船；另一方面在老百姓中大造红军将从此处渡河北上的声势。大渡河北岸守敌杨学端、王泽浚以为红军主力到了，惊惶万状，请求蒋介石、刘湘、刘文辉速派部队增援。蒋、刘急电各方人马速集富林一带，企图在此堵截围歼红军,从而放松对石棉安顺场到泸定桥沿河北岸的防守。25日，红军在安顺场渡口强渡大渡河成功。左权、刘亚楼奉军委电令，于28日带领佯攻部队撤离大堡树，快速赶到安顺场与主力部队会合。

大树堡渡口佯攻富林遗址现已为瀑布沟电站淹没区，为纪念大树堡渡口佯攻遗址修建了红军广场。广场建有胜利号角雕塑、火炬雕塑、红军文化墙等，充分展现了革命先辈心怀理想、不怕牺牲的奋斗精神。

红军广场与附近的麦坪遗址、汉源湖、金钟山和龙塘山，以及葡萄采摘园等景点组成了月亮湾金钟山景区。月亮湾因汉源湖在大树镇区域，形似月牙，故名月亮湾。汉源湖生态环境优良，是大渡河流域鹭科鸟类的栖息地，这里设有四川省赛艇和皮划艇培训基地，

每年都会举办龙舟比赛、垂钓节，在月亮湾码头可乘舟游览汉源湖。月亮湾长约 4 千米的环湖栈道，连接游客中心、葡萄采摘园、红军广场，是整个景区的线性观景平台和打卡地。

金钟山观音阁位于大渡河南岸，龙塘山麓的金钟山顶。始建于唐，历经千秋，几度废兴。至民国殿阁重重，经号声声，古柏参天，翠竹蔽日，名播川滇，声贯古今。中华人民共和国成立后全部拆除，1996 年重建。如今是鳞次栉比，巍峨壮观，儒释道同奉，圣佛神共殿，寺庙内几十副楹联充满哲理，耐人寻味，从各个方面展示着博大精深的宗教文化。此处，不仅是朝山拜佛之圣地，也是旅游览胜之佳境。瀑布沟电站建成后，成为山水天相连、日月星共辉的胜地佳境。正如其山门的楹联所赞誉的那样——钟山胜境雅凉无双地，金殿奇观巴蜀第一阁。

麦坪遗址为汉源县大渡河中游发现的保存状况较好的新石器时代晚期重要遗址之一，是史前特大中心城市遗址的典型代表。整个遗址面积超过 10 万平方米，比三星堆还要大，这些遗址最早可以追溯到 4 000 年至 4 500 年以前的新石器时代。四川省文物考古研究院对该遗址进行了为期 5 年的 8 次抢救性考古发掘，共发现商周墓葬及新石器墓葬 173 座，发现房址 182 座，另有窑、灶、墙等大量遗迹，陶、石、铜、玉石器上万件，遗址大部现存汉源湖底。

三、红色遗址

坭头苏维埃委员会旧址

坭头苏维埃委员会旧址位于汉源县宜东镇天罡村5组。

1935年6月1日，中央红军第一军团第二师第四团六连的140名战士在连长黄霖的带领下，夺取汉源县飞越岭，占领汉源坭头驿。3日，红军在坭头驿成立坭头苏维埃委员会，委员耿克成、曾仁山、刘哲文、曾继康、陈万榜、姜安太、牟裁缝，调解员王兰圃。随后，组建了坭头游击队。坭头苏维埃委员会主要是积极配合红军没收当地土豪、劣绅的财物分给贫苦农民。5日，红军完成掩护主力任务后，全部撤离坭头北上，坭头苏维埃政权遭到严重破坏，人员解散，主要成员多数被害。

原址为木结构房屋，占地面积320平方米，现为民居，保存基本完好。

飞越岭战斗遗址

飞越岭战斗遗址位于汉源县、荥经县与泸定县的界山。飞越岭山顶有一垭口——飞越关（俗称卡子上），海拔 2 830 米，关的北侧为桌子山，海拔 3 001 米，关的南侧为马鞍腰，海拔 3 678 米，双峰左右耸立形成一天然隘口。此关自古是内地通往康藏的必经之道。

1935 年 5 月 29 日，中央红军飞夺泸定桥后，经泸定县向汉源县、荥经县方向进军。当红军行至飞越岭时，遭到守敌的阻击。31 日，中央红军第一军团第二师第四团奉命攻打飞越岭垭口。6 月 1 日，红四团六连 140 名战士在连长黄霖的带领下，从飞越岭左翼山峰悄悄地迂回攀缘而上，在海拔 3 000 多米高的桌子山顶峰与敌人展开激战，俘敌 70 多人，夺取飞越岭垭口，为红军主力部队顺利进入汉源、荥经打开了通道。

富文书店联络站旧址

富文书店联络站旧址位于汉源县九襄镇共和街 99 号。

1937 年 1 月，中共汉源支部在汉源县富林城隍庙筹资兴办"富文书店"，成立汉源富文书店股份有限公司。中共地下党员任炽昌任九襄分店经理。中共汉源支部以书店为秘密联络点和活动据点，积极开展建党工作，发售《新华日报》等进步刊物，宣传党的政策和抗日主张，广泛联系进步人士及各阶层，扩大中国共产党在群众中的影响。

原址为木结构瓦房，占地面积 200 平方米，现保存基本完好。

"十全会"联络站旧址

"十全会"联络站旧址位于汉源县九襄镇建国路2号。"十全会"为汉源县商会所在地。1938年5月29日，中共地下党员任炽昌在此组织发动"5·29"罢市运动，拉开了"打倒贪官邓明枢"帷幕。汉源解放前夕，中共汉源地下党在"十全会"开办一家商铺，作为地下党的秘密联络站。汉源解放后，联络站曾作为中共汉源县委办公地点。

原址为清光绪年间建造的慈善机构所在地，木结构瓦房，占地面积2 500平方米，现保存基本完好。

红四方面军第三十二军军服加工厂旧址

红四方面军第三十二军军服加工厂旧址位于汉源县九襄镇枣林村6组。

1935年11月24日,红四方面军右纵队第三十二军军长罗炳辉、政委何长工率部经荥经县黄泥堡向汉源县进军。红军占领汉源场(今汉源县九襄镇)、唐家坝,直抵大渡河边富林镇。12月14日,红军撤离汉源县。

红军在汉源场期间,把军服加工厂设在沈家大院。据百挑村5组79岁的沈明才回忆:1935年冬月,红军在沈家大院台子上摆了两三部缝纫机,不分昼夜做衣服。里屋的竹竿上挂着许多枪,草楼上住满了红军。我当时人小,还没有缝纫机高。红军很喜欢小孩,抱起我们耍。红军住了一段时间后,在白鸡关对面的西边山,传来国民党飞机的轰炸声,红军乘着夜色悄悄地撤走了。

原址为木结构瓦房,面积约500平方米,现保存基本完好。

罗炳辉讲演地旧址

罗炳辉讲演地旧址位于汉源县唐家镇塘家村4组。

1935年11月24日，红四方面军第三十二军军长罗炳辉率部兵分两路进入汉源县境。12月13日，两路红军在汉源县唐家场上会合。当时正逢唐家场赶场，罗炳辉带着3名警卫员来到场上，见赶场的群众很多，便在二郎庙空坝处搭台向群众宣传革命道理，听众多达上百人。

原址占地面积350平方米，现保存基本完好，已翻新。

河南乡中央红军标语

　　河南乡中央红军标语位于汉源县河南乡河南村 4 组，共两幅。一幅位于河南乡原供销社仓库外墙上（现保存于大树镇文化站），另一幅位于河南村 10 组农户唐文斌家土墙上。两幅红军标语书写于 1935 年 5 月 23 日。

　　1935 年的农历栽秧时分，国民党大肆进行反共宣传，并派人进行搜粮运动，想让红军没粮吃，困死在长征路上，当地老百姓纷纷逃上山躲藏起来。1935 年 5 月 23 日，中央红军在左权、刘亚楼的率领下，从越西县出发，经甘洛平坝穿越深沟、河南乡，直逼大树镇，在大渡河边筑工事，扎竹排。红色根据地政治部选择大路边的民房，进行政治宣传，消除国民党官兵和老百姓对红军的误解。有两名红军战士在供销社仓库外墙上写下了"白军弟兄，请认清你的朋友是工农红军，你的敌人是军阀豪绅，不要自家来打自家人"的标语。当时 13 岁的周定康躲藏在五里排的山坡上，看到两名红军战士，一人提墨水书写，另一人担任警戒，在自家土墙上写下了"中央军兄弟反对官长脱落伍士兵的衣服，红军是乾人自己的军队"的标语。看到红军不拿群众一针一线的实际行动，老百姓很快打消了惧怕心理，第二天就开始正常活动，河南乡街上也有东西买卖。连续三天的行军，震慑了富林守敌，赶紧上报蒋介石派兵增援，减轻了安顺场渡口的压力，为中央红军北上抗日，赢得了宝贵的 3 天时间。

　　位于河南乡原供销社仓库外墙上的标语，材质系竹篱泥壁，现供销社房屋已拆，标语被当地干部群众保护下来；位于河南村 10 组农户唐文斌家土墙上的标语保存基本完好，现存于大树镇人民政府。

四、纪念场馆

吕瑛故居

　　吕瑛故居位于汉源县清溪镇。吕瑛，原名吕永孝，1918 年出生于汉源县清溪镇。吕瑛年轻时在汉源县九襄"道生昌"商号当学徒，后考入省立西昌师范学校，1939 年加入中国共产党。1939年秋，受党组织派遣到冕宁县石龙小学教书，并积极开展党组织安排的秘密活动。1940 年，先后担任中共冕宁县特支委员、书记。1942 年，经组织安排转移雅安供职西康省田赋粮食管理处，利用职务掩护，在康定、天全、芦山等地进行革命活动。1947 年夏，中共川康特委调吕瑛到川西领导地下武装斗争，任中共雅乐工委副书记。1948 年，吕瑛在大邑县唐场乡发展党员，建立中共唐场支部，并担任武工委副主任和党支部书

记。1948 年 7 月 12 日，组织唐场暴动遭敌人袭击，吕瑛率武工委掩护被困同志安全突围。1949 年 1 月，吕瑛在去成都途中被叛徒蒲华辅出卖被捕，关押在重庆渣滓洞。在狱中，吕瑛受尽酷刑、坚贞不屈。11 月 27 日，吕瑛被杀害于渣滓洞，年仅 31 岁。

　　原址为木结构房屋，面积 207 平方米，现为民房。

五、主题故事

"从奴隶到将军"——罗炳辉

罗炳辉是一位从奴隶成长为统率千军万马、屡建战功的杰出军事家。

罗炳辉，1897 年出生在云南彝良一个彝族贫苦家庭，从小过着牛马不如的农奴生活。1915 年入滇军当兵，作战勇敢，从士兵升至营长，参加了讨袁护国战争和北伐战争。因对军中腐败现象不满和对旧制度的刻骨仇恨，他很快接受了进步思想，于 1929 年 7 月秘密加入中国共产党，同年 11 月率部起义，参加中国工农红军。历任团长、旅长、纵队长、军长等职，在中央苏区历次反"围剿"作战中，采取灵活机动的战略战术，指挥所部参加了龙冈、广昌、莲塘、南雄水口、建黎泰、黄陂、草台岗等战役战斗，智勇兼备，屡立战功，曾获中革军委颁发的二等红星奖章。第五次反"围剿"开始不久，罗炳辉任红九军团军团长，率部参加广昌保卫战，并护送北上抗日先遣队出征过闽江。1934 年 10 月率部参加长征，途中屡担重任，掩护中央机关和红军主力北上，表现出高超的指挥艺术。中革军委赞誉红九军团为"战略轻骑"。

抗日战争初期，罗炳辉曾以八路军副参谋长和副司令员名义，在八路军武汉办事处从事统一战线工作。1939 年任新四军第一支队副司令员、第五支队司令员，率部开辟皖东抗日根据地。1940 年后任江北指挥部副指挥兼第五支队司令员、第二师师长兼淮南军区司令员等职，为巩固和扩大淮南抗日根据地做出了重要贡献。

解放战争初期，罗炳辉任新四军第二副军长兼山东军区第二副司令员，虽身患重病，仍亲临前线部署作战；1946 年 6 月 21 日，病情突然恶化，不幸辞世。罗炳辉用毕生的精力实现了自己的诺言："人生最快慰的是真正勇敢地牺牲个人的一切利益，最热诚努力地为民族独立、自由解放而斗争，尤其要为劳动大众的解放和利益，以真理、正义、公道为人类的幸福而斗争。"

开办富文书店

1936 年底，王教宣邀约程幼伦、崔子英三人合股开办富文书店（原名为富林书店）。中共地下党组织为传播革命思想，以富文书店为掩护开展宣传工作。

1937 年 1 月，中共地下党员任炽昌出狱回到成都，被上级领导唐俊民派回汉源开展组织工作，在贫困知识青年中发展党员。次年与王教宣、程幼伦、崔子英等集资开办汉源富文书店股份有限公司，在富林、九襄分设富文书店，以普及乡村教育、传播大众文化为名，发行进步书刊，推销《新华日报》，宣传革命思想、联络进步人士以扩大革命影响。

1938 年前期，总店迁至城隍庙（原富林新华书店），年底在成都祠堂街新华日报社订阅 38 份《新华日报》，分别由九襄分店（地下党的一个秘密联络点）发展大树戴维屏、富林程文孝、唐家刘子樑、泸定唐俊民和九襄何光辉、曹在卿、卫文清等人，后崔子英调总店，分店工作由任政敏接替。

1939 年 1 月，中共川康特委派李直（字鸣初，化名徐晓铭）以成都"开明书店"派来结账为名领导中共汉源支部，在分店与任炽昌秘密接上组织关系。事后经常到书店检查、听取工作情况，店内凡有徐鸣初或徐晓铭的信件要立刻交给他。学习的资料如《论政党》《哲学》等书籍都由分店提供。5 月，徐鸣初调走后，任炽昌接替了他的工作。9 月，中共川康特委派刘哲先接替任炽昌，在交接工作中刘哲先被捕。任炽昌回成都向中共川康特委汇报了此事，11 月刘哲先被释放，总店由王教宣等人继续经营。

鏖战清溪城

1935 年 11 月下旬，红三十二军军长罗炳辉、政委何长工率部经荥经县黄泥堡翻大相岭，向汉源县清溪城挺进。

当时，川军二十四军一三七师刘元瑭部驻守清溪城，部署杨生武旅守县城，刘元瑄旅守北门外的碉堡和围寨，围寨前阵地史家坡由吴安邦营驻守，杨学端代管聂文清、邹善成两个团为预备队。11 月 24 日，红军先头部队到达大相岭草鞋坪，向驻守在草鞋坪垭口的敌二十四军杨运英排发起攻击。经过一阵激战，敌军向山下溃逃，红军越过草鞋坪，乘胜追击，驱赶沿途警戒的哨兵，于 24 日下午占了羊圈门。25 日，红军后续部队纷纷赶到，立刻向史家坡守敌吴安邦营地发起攻击。刚一接触，吴安邦就率部后撤，红军乘机占领史家坡。随后，红军迂回占领城西的猛虎岗、西边山和城东的太皇山、麻雀坪等高地，将刘元瑭的守城部队完全围困在清溪城内。红军居高临下，不时从各制高点向围寨、城内射击，打得敌军惶恐不安。

刘元瑭部的给养供应，全靠城外的各场镇村落。红军围城后，切断了城内敌军的供应线及饮水来源。敌军每天只能在火力掩护下，派兵出南门到西河取水，每次都成了红军战士的"活靶子"，死伤不少，再也不敢白天出城下河取水，只能靠飞机白天空投食物，夜晚才派士兵偷偷出城取水。为了解围，国民党连日出动飞机数架对红军阵地轮番轰炸，由于山高林密，目标不明显，命中率不高。

两军相持半月，红军围而不攻，逼敌出城。龟缩在城里的刘元瑭再也按捺不住，便策划让杨学端率 2 个团，由城东川主岗深沟的小路攀登上山，向驻守草鞋坪的红军发动突然袭击。12 月初的一天晚上，刘元瑭和杨学端率聂文清、邹善成 2 个团摸黑爬山，于凌晨 3 时左右到达草鞋坪前面的山坡，即被红军哨兵发现。红军开枪射击，杨学端急令邹善成团进攻。红军据守山顶碉堡，进行猛烈还击，双方激战到天亮。刘元瑭命杨学端守住阵地，他亲自督聂文清

团进攻山顶草鞋坪，红军避其锋芒主动撤退。刘元瑭以为大获全胜，留杨学端守住山顶，自己则赶回清溪城准备向上司邀功请赏。殊不知，红军当晚对杨学端部发起夜袭，一下子又把聂文清、邹善成的2个团全部赶下了山，狼狈逃进围寨中。此后，刘元瑭再也不敢出城妄动。

红军在汉源驻扎21天，胜利完成牵制敌军的任务，于12月14日撤离清溪城，向荣经小河子、张家山方面而去。

在此次战斗中，汉源当地群众积极为红军煮饭、烧水，组织运输队，冒着风雪，将粮食、猪肉、蔬菜等送上山顶，然后抬回红军伤员，进行医治。

打倒贪官邓明枢

1938 年，中共汉源地下党组织发动群众，进行了一场打倒反动县长、贪官邓明枢的斗争。

1938 年 4 月中旬，中共汉越总部领导任炽昌以商会总会长的名义，邀请全县各界人士和知名乡绅，在富林镇富文书店总经理王教宣家里开会。任炽昌以"国家兴亡，匹夫有责"为主题发表演讲，揭露邓明枢消极抗日、强征苛捐杂税、贪污民脂民膏、大发国难财的罪恶行径，号召大家："只有团结起来打倒贪官污吏，才能共同团结抗日。"他的讲话赢得了阵阵掌声。

会上，大家商议由刘梓才等 13 人组成"汉源县邓案清算委员会"，当即拟电在《国民日报》上发表通电，并公推中共汉越总部宣传委员陈静逸代表汉源各界民众去重庆国民党行辕正式控告邓明枢。

为了更好地把握这场斗争，任炽昌到丰厚乡等 23 个保作民情调查，听取贫苦大众的心声。在任炽昌的发动下，有 31 个保的劳苦群众行动起来，向乡、保长开展斗争。5 月上旬，富林、唐家、九襄等场镇，公开贴出了"打倒贪官邓明枢"的标语。

同年 5 月 28 日深夜，邓明枢以"共党分子骚乱、策反暴动"之罪名，令秘书官李信伯率兵前往九襄，抓捕任炽昌。李信伯带了一个班的队丁，于 29 日清晨武装包围了汉源总商会。

然而，中共地下党组织早有所料。当李信伯带兵进入九襄场时，街后五谷寺已聚集了近千人。中共四川省工委派来的唐俊民正在向民众演讲；汉源中学教师、中共地下党员李茂英等发动一批进步学生手持童军棒在校门口等候；中共汉源支部领导曹在卿等也在民众中做了组织工作；商会则安排打更匠张安廷在街上鸣锣高呼："市井商民等请注意！邓明枢派兵抓任会长喽！"

李信伯带的兵丁们端着刺刀，押着任炽昌行至九龙桥街心时，人山人海的民众像铁桶一样把兵丁们围困在中间。这时，有人领头高呼："打倒贪官邓明枢！"民众齐声响应："打倒贪官邓明枢！打倒贪官邓明枢！"

兵丁们惊恐万分，妄图鸣枪惮压。愤怒的群众蜂拥而上，缴了兵丁们的武器。忽然，人群中嘘了一声口哨！冰雹般的豆腐、豆渣团、果皮、口痰、鼻涕、瓦块向李信伯和兵丁们砸去。李信伯他们毫无还击之力，个个抱头鼠窜。

趁混乱之机，青年李启元带着几个精悍的小伙子，保护着任炽昌走出了人群……

之后，汉源总商会贴出"停止办公、不予开市"的公告，全县罢市的声势越来越大。邓明枢万般无奈之下，只得请各界知名人士和乡绅从中斡旋。

罢市三日后，任炽昌顺应各界人士的请求，出来主持商会事务，并号召全县各行业开市营业。此后，任炽昌更加受到各界人士拥戴。

1938 年 6 月，国民党中央大员、考试院院长戴季陶代表国民政府路经汉源，前去甘孜祭奠九世班禅。

邓明枢接到通知后，暗自忖度："这次的欢迎至关重要，是难得的仕途机遇。"于是，他绞尽脑汁、大费周章地筹备酒宴款待、礼品馈赠等事宜。中共地下党组织得知这些情况后，立即商量了一套对策，准备对邓明枢发起第二次进攻。

当戴季陶到达荣经时，任炽昌、程幼伦、王教宣等带领一支数百人

的请愿团，高举"欢迎戴院长"的标语，喊着口号，前往"迎接"。

请愿队伍行至大相岭山脚下，拦住了戴季陶的八人大轿，一个个手呈状纸，大声高喊：

"戴院长，申冤啰！"

"我们要申冤！"

随行的警卫人员惊恐万分，马上戒备起来。

"怎么回事？"戴季陶掀开轿帘询问道。

侍从们将大家的状纸一一呈递给戴季陶。在数百人一声接一声的强烈呼吁下，戴季陶也来不及细看，抚慰一番后，请各位乡绅静候裁处。

第二天，戴季陶离开了汉源。到达康定后，他命秘书起稿，专电致国民政府行政院报邓明枢之事。行政院则电告四川省政府："立即查办。"随后，四川省政府即派省参议员沈仲宽及准备出任汉源县长的张汶到汉源清查邓案。

国民党当局迫于民众的压力，终于批准将邓明枢"撤职查办"，1939 年 4 月在西康省会康定开庭审理此案。法庭上，任炽昌彻底揭露了邓明枢欺压百姓、贪赃枉法的罪恶行径。最后，法庭不得不裁决：邓明枢贪污款项 3 100 余元，限期追缴；所变卖之公学田产概由新任县长赎回。邓明枢已潜逃，法庭呈报上司对邓明枢通缉在案。

至此，这场由中共汉源地下党发动和领导的反贪官斗争，历经一年有余，终于取得了胜利。

六、景点链接

花海果乡

"花海果乡"是各地游客对中国花椒之乡，四川著名的水果王国、樱桃王国、阳光汉源九襄的美称。225 年，蜀丞相诸葛亮南征，翻过大相岭遥望九襄坝子的田野平畴，由衷感叹："天下绝收，此地半收；天下大乱，此地无忧！"赞美的正是九襄的物华天宝，沃野千里。花海果乡旅游区距离成都约 200 千米，距离西昌 230 千米。景区包括九襄梨花山坞、双溪申沟桃园、清溪庙（清溪古城）、大田花果流香、前域鹤舞田园、锦绣田园 6 个景点，面积达 12 万多亩，是目前国内面积较大的乡村休闲旅游景区。

碧海清波汉源湖

　　84 平方千米的汉源湖，是中国西南最大的人工湖，享有"成都后海"之美誉。来自雪山贡嘎的圣水，形成一道波光潋滟的美丽湖景。湖区群山环抱，湖岸蜿蜒曲折，湖面碧波荡漾。湖水清澈如翡翠，风拂碧波起涟漪。湖水含情、鲜花装彩、艳阳增辉，构成了一幅鲜花、碧水、阳光的写意山水画卷。一座美丽的半岛山城，在湖水温暖的环抱中，张扬地展现了城市的华丽。三角梅、紫荆花在城市艳丽绽放，阳光的激情在城市尽情挥洒。在湖上泛舟逐水垂钓，水天相连，恍如梦境。

九襄石牌坊

九襄石牌坊为清道光年间清溪县汉源场拔贡黄体诚为旌表其母节孝而请旨建造。

九襄石牌坊全部为红砂石建构，通高 11.1 米、宽 7.4 米、深 1.9 米，为清代流行的四柱三间、横向三段与垂直三段的重檐牌楼。石牌坊顶盖的中脊上矗立有 1.8 米高的镂空宝塔，在各层楼盖的脊头上镌刻背插宝剑、张睛翘尾的 8 个"鸱吻"和 16 朵云纹飞檐，4 根梅花柱分隔中门和东西两侧门，柱的南北侧皆有抱鼓石护持。楹联为阴刻楷体，牌楼雕饰为镂空或半镂空高浮雕，不仅玲珑剔透，且题材丰富。牌楼共有浮雕 169 幅，圆雕 13 座，其中装饰纹样 40 余种，人物 571 个，浮雕主体内容取材于戏剧，兼有神庆、小说，既有单幅，也有数幅连续剧，因而有"抬头望牌坊，48 本戏在上面唱"的民谚。整座石牌坊造型美观，庄重华丽，雕刻精细，内涵丰富，是雅安境内的一座绰楔雕塑珍品，为国家级重点文物保护单位。

清溪文庙

清溪文庙位于汉源县清溪镇，始建于清嘉庆四年（1799 年），同治九年（1870 年）重建。该建筑呈南北轴线布局，由万仞宫墙、棂星门、泮池、戟门、大成殿、崇圣祠等组成。整个文庙红墙环绕，古树参天，占地面积 5 100 余平方米。2002 年被列为省级文物保护单位。

清溪古城

　　古城清溪，古貌依旧，古风犹存。唐时初具规模，是南方丝绸之路和川藏茶马古道上的重镇，有着 1 346 年的设治历史。昔日城内有"九街十巷"，迄今还保留着大片明清时期的青瓦灰墙和砖木飞檐的古民居。清溪古城四周诸山环绕，自然风光纯美。充满历史人文气息的王建城遗址，让人遥想当年盛景；昭示崇文之风的清溪文庙，寄托着文人墨客的殷殷期盼；历史悠久的老永发官店，展示着盛世之繁华；古朴厚重的建筑，记录着古人的灵颖智慧；木格花窗中飘出的缕缕炊烟，透出居民悠闲恬静的生活情趣。

轿顶山云海

　　轿顶山为大相岭山脉东段余脉，呈南北走向，面积 75 平方千米，顶平而宽阔，四周悬岩绝壁，形如轿顶。平均海拔在 3 000 米以上，主峰海拔 3 552 米，登高俯瞰，群山尽收眼底。北眺峨眉云海，白浪翻腾，一望无际；南观贡嘎雪峰，峥嵘夺目，千山峰尖，云雾缭绕，宛如云海中小岛，风吹幻化，千姿百态。环顾林间，时有獐、兔、麋鹿等野生动物出没，置身于此，不知天上人间，是游人避暑胜地。

大渡河大峡谷国家地质公园

大渡河大峡谷国家地质公园位于金口河区、汉源县与甘洛县的接壤部位，总面积约 404 平方千米。大渡河大峡谷位于汉源县乌斯河镇、永利彝族乡。它西起汉源县乌斯河镇，东至永利彝族乡白熊峡。2001 年 12 月，被国土资源部命名为四川大渡河大峡谷地质公园。峡谷长 17 千米，最窄处 20 余米，最深处 2 690 米，比美国科罗拉多大峡谷深 860 米。峡谷集急流、奇峰、湖泊、典型地质剖面、珍稀动植物、历史文化古迹和民族风情于一体，是地质景观、生态旅游、科考、攀岩、漂流、探险的理想之地。2005 年，大渡河大峡谷被《中国国家地理》杂志社评选为"中国最美的十大峡谷"之一。

天梯人家古路村

天梯人家古路村位于汉源县永利彝族乡东南面大渡河大峡谷入口的绝壁之上，东邻金口河区，与永和镇相连，南面与甘洛县相接，西面与马坪村隔沟相望，北面与彬树村接壤，海拔在550~1 800米，全村辖6个村民小组，户籍人口133户、431人。省道306线和成昆铁路从古路村山脚下经过，被称为"天梯上的彝寨""悬崖上的村庄"，也是四川省唯一不通公路的行政村。

2015年11月，造价2 340万元、直线距离760米、落差近800米的索道开工建设，以前要绕行3个多小时进村，现在坐索道只需3分钟就到了，真正实现了天堑变通途。不少游客纷至沓来，到现在的古路村吃正宗的彝族特色食品，喝彝家精心熬制的酥油茶、酿制的杆杆酒，体验彝家传统文化。

申沟桃源景区

　　申沟桃源景区位于汉源县九襄镇境内，是汉源县花海果乡旅游区的核心景区之一，四川省"五十百千"工程和新农村建设示范村，全国最美村庄。景区拥有四川种植面积最大的各种桃树，享有"万亩桃园如仙境"的美誉。阳春三月和金秋时节，以白凤桃为主的特色农业和桃园乡村旅游成为都市游客观花赏果、休闲度假的好去处。

七、旅游线路

（一）红色旅游线路

坭头苏维埃委员会旧址—司马德龙故居—吕瑛故居—大相邻草鞋坪战斗遗址—三牙关战斗遗址—任炽昌故居—红四方面军第三十二军军服加工厂旧址—"十全会"联络站旧址—富文书店联络站旧址—罗炳辉讲演地旧址—大树堡渡口佯攻富林遗址—河南乡中央红军标语

（二）精品旅游推荐

1.观湖垂钓采摘游——乘船游湖采葡萄，我把汉源带回家

精彩内容：汉源湖上乘船、游湖、垂钓、赏美景，金钟山上烧香拜佛，月亮湾尽享采摘乐趣，汉源新城游公园，观滑翔伞表演。

观光线路：成都—汉源县城—汉源湖—红军广场—月亮湾葡萄采摘园—汉源县城—成都

2.峡谷风情体验游——大渡河大峡谷奇险之旅

精彩内容：一路向西，旅途中的一分一秒都不会觉得枯燥，经过整齐的茶园、繁茂的森林、有着"世界第一高"美誉的腊八斤大桥、"时光隧道"泥巴山隧道、万亩果园的花海果乡、雄险峻大渡河大峡谷、悬崖上的古路彝寨、"最美360度观景平台"轿顶山，仿佛在欣赏一部风情独具的人文风光片一样怡然舒适。

观光路线：成都—汉源县城—大渡河大峡谷—古路村—轿顶山—汉源县城—成都

3.金秋乡村生态游——游乡村美景，品脆甜鲜果

精彩内容：游乡村美景，品脆甜鲜果，汉源四季鲜果不断，乡村旅游

蓬勃发展。"十一"黄金周期间正是汉源苹果、梨、脆红李等水果上市的时节，游茶马古道、清溪文庙、九襄老街，览樱桃溪谷，品特色美味，摘脆甜鲜果，购汉源贡椒。

观光路线：成都—九襄花神广场—清溪文庙—清溪茶马古道—樱桃溪谷（同心村）—百里果蔬长廊—九襄老街—成都

（三）旅游线路建议

1．乡村旅游线路

成都—雅西高速九襄出口—九襄镇三强村（花海果乡）—九襄镇桃源村（桃源胜景）—清溪同心村（樱桃溪谷）—大田乡锦新村（百里花果长廊）—前域乡前域社区（鹤舞田园、锦绣田园）—大树镇（月亮湾葡萄采摘园）—返程

2．自然风光旅游线路

成都—雅西高速九襄出口—富乡乡旭河风景区—宜东镇桌子山"红军花"（每年 5 月）—县城富林镇汉源湖—乌斯河镇大渡河大峡谷—永利彝族乡古路村—皇木镇高山草甸—乐西公路—轿顶山—返程

3．三古旅游线路

成都—雅西高速九襄出口—九襄古镇古街古院落—九襄石牌坊—富庄古街—宜东古镇—清溪古城—清溪文庙—茶马古道—返程

一日游主题：品味古镇文化，观赏桃李满天—九襄古镇、清溪古城自驾一日游

线路：成都—九襄古镇—花海果乡—清溪古城—成都

二日游主题一：观贡嘎日出，赏桃李争春——汉源特色自驾二日游

线路：D1 成都—九襄古镇—佛静山—桃花源—九襄古镇

D2 九襄古镇—槿上梨花—大渡河大峡谷国家地质公园—成都

二日游主题二：美丽假期，汉源湖——鲜果采摘二日游

线路：D1 成都—汉源县城—大渡河大峡谷国家地质公园

D2 汉源县城—九襄古镇（根据水果成熟期安排游览点，采摘点）—成都

八、美食特产

汉源花椒

汉源花椒历史悠久，声名远播，蜚声中外。自唐代元和年间就被列为贡品，故又名贡椒。汉源花椒以其色泽丹红、粒大油重、芳香浓郁、醇麻爽口等独一无二的品质而享誉全国，是正宗川菜的首选调料，被誉为川菜之魂和百味之首。汉源老百姓用传统工艺把新鲜花椒炼制而成的花椒油，较好地保持了新鲜花椒的鲜香醇麻，更是将汉源花椒的醇香发挥到了极致，是做凉菜和面食不可多得的上好调味品。

清溪盐菜

正宗清溪盐菜色泽金黄，入口留香，口感脆爽。清溪盐菜以质细、清香、味美、耐贮为特点，是馈赠亲友的土特产礼品。

汉源糖心苹果

汉源享有"攀西阳光第一城"的美誉，充足的光照让苹果外形硕大、口感松脆、水分充足、固形物含量高、品质优良，深受市场好评，深得消费者喜爱。

汉源榨榨面

汉源榨榨面把荞面和成面团，在特制的木架上压榨成圆条，落入沸水锅中煮熟，佐以酸菜、豌豆肉汤以及其他调料，食之脆香爽滑、酸辣可口。汉源榨榨面所选用的荞麦，产于高山区无污染的山地，具有很好的保健作用，老少皆宜。

汉源坛坛肉

汉源坛坛肉起源于宜东镇，又叫坛子肉、香坛肉、油泡肉，为汉源中低山、河谷地区的一种传统储肉方法。采用传统工艺、纯手工制作，配以薯片、蒜薹、盐菜等，味道浓香醇厚、细腻柔软、肥而不腻。

清溪黄牛肉

黄牛肉属于温热性质的肉食，补脾胃、益气血、强筋骨、消水肿。《韩氏医通》记载"黄牛肉补气，与绵黄芪同功"。正宗的清溪黄牛肉采用山林自然放养的黄牛，营养价值很高，富含蛋白质、维生素、钙、磷、铁、氨基酸等。肉质鲜嫩有嚼劲，可以红烧、卤制、炖汤、烫火锅。

皇木腊肉

皇木腊肉因主产于汉源皇木而得名。制作时，用皇木自产的高山新鲜肉用盐腌制后，挂在火炉上方，让燃烧的柏树和香樟树枝的烟火熏烤风干而成。腊肉外黑油亮，耐贮存。经清洗后，煮、蒸、炒后即可食用，肉质红亮、肥而不腻、味香醇美，为当地待客和馈赠宾朋的佳品，畅销各地。

汉源樱桃

最美人间四月天，一树樱桃带雨红。万亩花海刚散场，汉源又迎来了樱桃甜美季，有"春果第一枝"之称的汉源小樱桃储藏满了阳光的味道，迎来采摘季。汉源樱桃品种众多，是著名的"樱桃王国"，在春风轻拂中，穿梭在香甜四溢的果林里，品采摘的乐趣，享无限春光。

品完小樱桃，五六月的大樱桃接踵而至。汉源是"中国大樱桃之乡"，有宾库、美早、拉宾斯、瑰香等近40个品种，果实富含糖、蛋白质、维生素及钙、铁、磷、钾等多种元素。

九、住宿推荐

1. 庄园国际大酒店

地　　址：汉源县富林镇

电　　话：0835-5988888

2. 金鑫酒店

地　　址：汉源县富林镇滨湖大道三段

电　　话：0835-4399999

3. 岳庭酒店

地　　址：汉源县富林镇

电　　话：0835-5107777

4. 万合酒店

地　　址：汉源县富林镇

电　　话：0835-4689999

5. 桂圆酒店

地　　址：汉源县富泉镇

电　　话：0835-8393333

6. 梨都酒店

地　　址：汉源县九襄镇交通北路

电　　话：0835-4388686

石棉县

红色旅游指南

一、石棉县概况

县情概况

石棉县位于青藏高原横断山脉东部边缘,大渡河中游,雅安市西南部,东邻汉源县、甘洛县，南接越西县、冕宁县，西交九龙县、康定市，北接泸定县，是内地通往云南、西藏两地的重要通道和过渡地带，素有"民族走廊"之称。全县面积 2 678 平方千米。

石棉县是全国唯一以矿命名的县，因境内富藏优质石棉，定名为石棉县。石棉是川西交通枢纽次中心，京昆高速雅攀段、国道 108

线、省道 217 线贯穿全境,是"中国大熊猫放归之乡""通藏达滇攀西阳光旅游第一站""环香格里拉旅游门户""环贡嘎国际旅游度假区集结地",县内矿产、水能、物产、地热、旅游资源丰富。

石棉县建县历史较短,但县域至迟在旧石器时代晚期就有人类活动,其中散见于大渡河两岸丰乐、宰羊、迎政、农场、挖角、永和等乡镇的石器和陶器均出于这个时期。夏及以前,县域属"梁州之域",商周县域属八个小方国的"筰",战国、秦县域为丹黎地。元至元二十一年(1284 年)改邛部州安抚使司为邛部州,隶建昌路,南岸县域属之。民国 25 年(1936 年)废团甲制行联保制,北岸属汉源县第三区的美罗、大冲两个联保,南岸属越西县第三区(区署驻安顺场)的安顺、洗马姑两个联保。1952 年划汉源县第四区、越西县第五区增建石棉县,县治设于农场,属西康省雅安专区。1955 年 10 月撤西康省,并入四川省,隶属四川省雅安专区。2000 年,雅安地区撤地设市,石棉县隶属雅安市。2020 年末常住人口 11.41 万人。

红色文化概况

中共汉越总部成立后，一直在越西县河道地区（今属石棉县境内）开展地下党活动。党员们利用有利时机宣传发动群众，大力宣传"红军是打土豪的""共产党是老百姓的救星"等思想，并在农村发展党员。发生于1934年的越西"三二七"暴动就是在党的领导下的一次震惊川康的武装斗争。1935年5月，红军长征途经安顺场，十七勇士成功强渡大渡河，谱写了中国革命史上的壮丽篇章。

抗日战争时期，石棉县民众积极支援抗战。中共地下党员通过出售进步书刊和《新华日报》在民众中宣传党的抗日主张，使得不少有志青年加入党组织，并积极投身到抗日运动中。石棉民众还加入到抗战物资通道乐西公路的修筑中，为打通这条战时通道付出了鲜血和汗水，留下了可歌可泣的故事。

解放战争时期，中共地下党组织到新民乡海子一带搞调查研究工作和组织武装工作，积极在大渡河中游两岸宣传革命思想，暗地张贴"打倒土豪分田地""此路不通，去找毛泽东"等标语口号。1949年秋，中共大树支部、越北人民治安维持会成立，为筹建大渡河人民游击支队、迎接解放做了大量工作。

石棉县的红色旅游资源有中央红军第一军团指挥所驻地旧址、夜袭安顺场战斗遗址、中央红军强渡大渡河渡口遗址、野猪岗战斗遗址、菩萨岗战斗遗址、猛虎岗战斗遗址、中国工农红军强渡大渡河纪念碑、中国工农红军强渡大渡河纪念馆等，红色资源丰富。

二、红色景点

安顺场中国工农红军强渡大渡河景区

安顺场中国工农红军强渡大渡河景区，占地面积约 8 平方千米，原名紫打地，位于四川省西南部、大渡河中游，石棉县安顺场镇，距石棉县城 11 千米，是全国精心打造的 100 家红色旅游经典景区之一。景区包括中央红军强渡大渡河渡口遗址、中央红军先遣部队司令部指挥楼旧址、中国工农红军强渡大渡河纪念碑、中国工农红军长征强渡大渡河纪念馆、营盘山太平军翼王营地遗址、安顺古街。

19 世纪 60 年代至 20 世纪 30 年代，在这里发生了两起中国近代史上的重大历史事件：1863 年 5 月，太平天国翼王石达开兵败紫打地；72 年后的 1935 年 5 月，中国工农红军胜利强渡大渡河，创造了战争史上的奇迹。从此，安顺场便以"翼王悲剧地，红军胜利场"载入史册，名扬中外。历史学家说："没有强渡大渡河的胜利，就没有中国工农红军长征的胜利，就没有今天的新中国！"安顺场中国工农红军强渡大渡河景区先后被命名为全国重点文物保护单位、全国爱国主义教育示范基地、全国人文社会科学普及基地、四川省廉政教育基地、四川省民族团结进步教育基地等，2013 年 9 月，成功创建为国家 AAAA 级旅游景区。

中央红军先遣部队司令部指挥楼旧址

中央红军先遣部队司令部指挥楼旧址位于石棉县安顺场镇安顺村老街。1935 年 5 月 24 日，中央红军第一军团第一师第一团在先遣部队司令员刘伯承、政委聂荣臻率领下，经石棉县福龙场、晏如村、海洋村、新场到达马鞍山。当晚，一团团长杨得志和一营营长孙继先带领一营攻打安顺场守敌。经过激战，红军占领安顺场。刘伯承、聂荣臻将指挥所设在安顺场高坤、徐桂英夫妇家的碉楼里，并在此楼部署指挥红军强渡大渡河。指挥楼为晚清时期民居碉楼建筑，木骨石墙结构，顶为歇山式，盖小青瓦，共三层楼，建筑面积 300 平方米左右，现基本保存完好。

中央红军强渡大渡河渡口遗址

中央红军强渡大渡河渡口遗址位于石棉县安顺场镇安顺村大渡河与松林河交汇的大渡河段。1935 年 5 月 24 日，中央红军夺取安顺场，占领大渡河南岸渡口后，先遣部队司令部决定组织奋勇队强渡大渡河。此时，大渡河正值洪水暴涨，水深流急，渡口河面宽 300 多米，对岸有川军二十四军五旅余味儒团韩槐阶营防守。25 日清晨，红一军团第一师第一团团长杨得志从一营二连中挑选 17 名战士组成奋勇队。上午 9 时，十七勇士在队长熊尚林连长带领下，由当地船工帅仕高等 8 人摆渡，直向河对岸驶去。这时，河对岸守敌集中火力向小船射击，红军则集中几十挺重机枪向对岸敌军反击。同时，刘伯承司令员命令用迫击炮向敌军开炮。十七勇士趁敌军火力减弱，迅速冲向对岸，占领敌营山下河滩渡口工事。在十七勇士的掩护下，红军后续部队紧跟强渡。强渡过河的红军立即向守敌发起进攻，敌韩槐阶营仓皇向富林方向溃逃，红军乘胜追敌于大渡河下游 20 千米，直到占领美罗场右侧的

中央红军强渡大渡河老船工 左起：龚万才、帅仕高、张子云、何廷楷、韦崇德

野猪岗山顶，以达到掩护红军主力部队向泸定桥进军的目的。红军歼灭大渡河渡口守敌后，用缴获来的 3 只木船不分昼夜地运渡红军，3 天时间把红一军团第一师和干部团成功运送渡过了大渡河。26 日上午，毛泽东、周恩来、朱德等中央领导来到渡口了解渡河情况。因为仅有 3 只渡船，若要将全部中央红军两万人渡过北岸，需时 1 个月。这时，尾追中央红军的国民党中央军已逼近，大渡河北岸的川军二十军杨森部的增援部队也已抵达大渡河下游峨边、金口河一带，情形万分危急！毛泽东等中央领导当机立断，决定红军兵分两路，向大渡河上游 160 千米的泸定桥进军，夺取泸定桥，以便于中央红军主力和中央机关顺利通过泸定桥。已强渡过大渡河的红军一部沿大渡河左岸上行；未渡过大渡河的沿右岸上行。左右纵队夹河而上，限时 3 天赶到泸定桥，并夺取泸定桥。

现在渡口处立一大石，上刻有杨得志所题的"红军渡"3 个大字。

中国工农红军强渡大渡河纪念馆

中国工农红军强渡大渡河纪念馆位于石棉县安顺场镇安顺村，占地面积13 320平方米，建筑面积1 508平方米，建筑群采用仿古代唐式风格。纪念馆馆名由中共中央原总书记、中央军事委员会原主席江泽民题写。纪念馆分设展厅4个、报告厅1个和史料放映厅1个。展厅以弘扬红军精神为主题，分为长征、强渡天险大渡河、胜利会师、历史评说等4个部分，馆藏历史文物228件。其中实物73件，图片155张。包括红军当年战斗时用过的枪炮、大刀、旗帜等各种实物和邓小平、江泽民、刘伯承、聂荣臻、陆定一、李一氓、杨得志、杨成武、黄镇等的亲笔题词、信函原件以及大量珍贵的图片、资料、文物等。纪念馆陈列有序，布局巧妙，真实再现了当年中国工农红军十七勇士强渡大渡河的伟大场面。

中国工农红军强渡大渡河纪念碑

中国工农红军强渡大渡河纪念碑位于中国工农红军强渡大渡河纪念馆正面广场。纪念碑建于 1983 年 5 月，建筑面积 306 平方米，坐西向东，分为碑台、碑座、碑体 3 部分。碑台采用白色和红色花岗石地砖砌成，正面铺三级台阶。碑座高 0.5 米，为四方形。碑体由白色花岗石砌成。碑体正面为半圆雕红军战士塑像，炯炯有神的双目凝视对岸；下半部分为十七勇士驾着当地特有的翘首木船乘风破浪、飞渡天险的浮雕；右侧为巨手执大刀浮雕，象征红军必胜的信念；背面上部在 2.4 米宽、1 米高的黑色大理石上，刻有邓小平题写的"中国工农红军强渡大渡河纪念碑"金色大字。

安顺场古街

　　安顺场古街分为南、北区和商业街、泄洪道、红军遗址公园、南北区园林景观等。安顺场古名"紫打地"，清乾隆时期，因月亮沱（地名）盛产金矿形成集市，初名太平场。后因水毁于光绪二十九年（1903年）迁坝重建；愿"山镇久安，河流顺轨"，故改名为安顺场。以安顺场为起点，形成了安顺场—海棠、安顺场—冕宁、安顺场—泸定、安顺场—九龙等通商古道，为旧时河道七场的经济中心。自形成集市后，一直是川藏茶马古道的贸易通道，也是区域交通要冲。历史上安顺场集居住、御敌、商业等功能，主要公共建筑有寨门、道路、围墙、学校、石牌坊、磨坊、戏台、水渠、防御碉楼、文武宫、金花庙、观音庙、观音阁等。

　　石棉县依托蜚声中外的"翼王悲剧地，红军胜利场"红色圣地安顺场，在安顺场中国工农红军强渡大渡河景区倾心打造了安顺场"初心"体验教育拓展基地，完善了四川长征干部学院雅安夹金山分院石棉校区建设。为弘扬"信仰坚定——就是力量，团结同心——就是希望，激流勇进——就是胜利"的红军强渡大渡河勇士精神，把珍贵的红色资源串点成线，推动红色基因融入血液，代代相传，使之成为石棉县红色旅游的特色名片，为"壮大一个支柱（工业），再造一个支柱（旅游）"实现"1449"发展战略做出贡献。

三、红色遗址

菩萨岗战斗遗址

　　菩萨岗战斗遗址位于石棉县王岗坪彝族藏族乡幸福村，海拔 2 000 多米，地形险要，因当地百姓在山顶修庙供神，故得此名。1935 年 5 月 27 日，红四团在此打了一仗取得胜利，当地群众给取名为胜利岗。它是从大渡河西岸由安顺场到泸定桥的必经之路。

　　1935 年 5 月 27 日，中央红军第一军团第二师第四团团长黄开湘、政委杨成武率左纵队先头部队从安顺场出发，沿大渡河西岸溯流而上。红军在叶大坪击溃川军二十四军一个连后，到达田湾菩萨岗。菩萨岗左边是高山，右侧紧靠田湾河，正面仅有一条陡得像天梯一样的上山小道，有"一夫当关，万夫莫开"之势。川军二十四军一个营在隘口筑碉堡、修战壕防守。红军找来当地农民苏先光了解地形后，决定兵分两路。一路由苏先光带路正面佯攻；一路由杨篾匠带路从左路翻越高山，从背后杀向敌军。菩萨岗一战，消灭敌军 3 个连，歼敌 100 余人，活捉敌军营长，缴获步枪 100 余支、手提机枪 10 多挺。红军仅牺牲 1 人，负伤 2 人。红军占领菩萨岗隘口后，当晚住什月坪。

夜袭安顺场战斗遗址

夜袭安顺场战斗遗址位于石棉县安顺场镇安顺村，原名紫打地，当时居住有近百家人户。安顺场是太平天国石达开全军覆灭之地，是中央红军强渡大渡河的必经之地。

1935年5月24日，中央红军先遣部队主力由司令员刘伯承、政委聂荣臻率领，经石棉县福龙场、新场到达马鞍山。红军先遣部队夜袭安顺场前哨，消灭守敌一个班后，刘伯承、聂荣臻决定派红一团团长杨得志和一营营长孙继先带领一营攻占安顺场。经过激战，红军消灭守敌，缴获一只木船。夜袭安顺场的胜利，为中央红军强渡大渡河创造了条件。

刘伯承、聂荣臻挖角坝居住地旧址

　　刘伯承、聂荣臻挖角坝居住地旧址位于石棉县王岗坪彝族藏族乡挖角村 4 组 54 号杨树清宅碉。1935 年 5 月 25 日，中央红军先遣部队司令员刘伯承、政委聂荣臻按照中革军委的行动部署，指挥红军强渡大渡河。26 日，强渡过大渡河的红军先遣部队，除一部继续在安顺场下游三索窝一带监视富林方向之敌外，其余的沿大渡河左岸溯河而上，策应大渡河右岸红军以共同夹击泸定桥。27 日，左岸的红军先遣部队到达挖角坝。当晚，红军将领住宿在挖角碉楼里。

　　原址为晚清时期民居碉楼建筑，木骨石墙结构，顶为歇山式盖小青瓦，二楼一底，建筑面积约 200 平方米（占地长、宽为 10 米）。现保存基本完好，为村民杨树清居住。

四、纪念场馆

川矿记忆园

　　川矿记忆园位于石棉县城南新棉街道广元堡社区，海拔 900~950 米，由原四川石棉矿第三矿区改建而成。川矿记忆园占地面积 13 250 平方米，总投资 1 320 万元，分为室内陈列馆和室外展区两部分。陈列馆面积 1 110 平方米，通过"石棉矿""白手起家、艰苦创业""攻坚克难、发展壮大""县矿融合、和谐发展""峥嵘岁月、刻骨铭心" 5 个单元展现石棉矿的发展历史。室外布展有复原的四川石棉矿矿部大门、四川省模范坑道"1248"坑道，群雕像"开天辟地""沸腾的矿山"以及文物遗存"忠字碑""石棉"碑林和川矿矿山生产机械设备等文物建筑及工业遗迹，全面展示了四川石棉矿从 1950 年建立到 2006 年彻底改制完成的光辉历史，充分诠释了"不怕牺牲、艰苦创业、顽强拼搏、奋力开拓"的川矿精神。

　　为留住川矿记忆，传承和发扬川矿精神，中共石棉县委、石棉县人民政府积极探索资源枯竭型城镇转型发展之路，建成川矿记忆园，广泛征集历史文物资料，发挥党史育人作用，开展川矿历史文化保护，全面展示川矿历史文化，充分诠释川矿精神。2018 年 5 月，川矿记忆园正式对外开馆，成为雅安市首个工业建设纪念馆，2019 年 3 月成功创建为国家 AAA 级旅游景区。

石棉县烈士陵园

石棉县烈士陵园位于石棉县城北红岗下。

1992年经四川省民政厅批准修建石棉县烈士陵园。1994年12月建成，占地面积35 000平方米。

陵园建有红军墓5座、烈士墓19座及全国英雄少年赖宁陈列馆。24位英烈中，有与丁佑君一起参加革命、在美罗乡搞土改时土匪暴乱遇难的张开泰烈士；1950年剿匪牺牲的张志明、熊清云等烈士；1979年2月在对越自卫反击战中牺牲的杨兰全烈士；1961年5月在追捕盗窃犯中牺牲的周晓康烈士；1956年在社会主义建设时期为保护国家财产、保护矿山、扑灭火灾而牺牲的李成友、段佐禹、杜绍海、魏春德等烈士。特别是继1988年3月涌现出为扑灭山火保护国家财产而英勇牺牲的英雄少年赖宁后，又相继涌现出为抢救国家秘

密材料而牺牲的"保密卫士""舍己为公的英雄民兵"万建昌，抢救落水学生而牺牲的"优秀教师"莫永红（藏族）和抗洪救灾而牺牲的"优秀党支部书记"王科银等。还有伍彭清、叶清贵、吴良才、杨常多、杨昌喜等老红军，他们参加了中国工农红军二万五千里长征，因伤留居石棉、转业四川石棉矿，终老逝世安葬于此。为了缅怀先烈业绩，教育子孙后代，1990年，石棉县烈士陵园被石棉县人民政府批准为"县级烈士纪念建筑物重点保护单位"，1998年5月，被中共四川省委、四川省人民政府命名为爱国主义教育基地。

石儿山抗战主题公园

石儿山抗战主题公园最早建于 1942 年，是为了纪念乐西公路大渡河大桥落成而建，当时的主题是"适乐西公路大渡河桥落成，并建亭以记（翼）王"。乐西公路工程之浩大，环境之艰苦，修建时正值抗日战争最艰难的时期，为保证世界援华物资从唯一通道"驼峰航线"进入中国抗日战场，当时的国民政府，举全国（后方）之力，修建乐西公路，大渡河大桥是整个工程的咽喉工程。建成之时，上至国民政府政要，下至地方绅士、名流，个个作诗、作词、作赋记之，就连戴笠都作了《修建川滇西路大渡河悬索桥工记》；石棉籍刘万抚将军（国民革命军陆军第一二五师中将师长）从抗日前线回乡葬亲也拜撰作《太平天国翼王石达开殉难碑》。

1978 年，石棉县人民政府划地按照休闲娱乐公园，进行园林式设计建设。公园两面环水，绿树成荫，山顶矗立着为纪念太平天国翼王石达

开修建的翼王亭和翼王碑，其西侧老鸦漩则是石达开妃子、幼子的殉难处。

2018 年，中共石棉县委、石棉县人民政府决定重新修缮石儿山公园，扩建占地面积约 1.5 万平方米，仍然以石棉大桥抗战文化和太平天国文化为主题。重新设计的公园将自然景观和人文景观，古典园林和现代园林营造艺术，民俗空间和时代氛围有机结合，以自然、优雅的景观和古建筑凸现川西浓厚的历史文化底蕴。

石儿山抗战主题公园坐拥以"血肉筑成的抗战路——乐西公路"为素材的山体浮雕，厚重历史沧桑气息的石棉大桥、大型休闲健身的广场、纪念翼王石达开的翼王亭，以及能够观涛和欣赏石棉景色的古亭等。园内百年香樟、银杏、金桂……枝繁叶茂，五彩缤纷的鲜花竞相开放，绿茵茵的草坪散发出阵阵清香。该公园是石棉县历史最悠久的开放性城市景观公园，承载着厚重的历史文化。

石棉大桥 （悬索大桥）

石棉县大渡河有一座号称当时中国第二大公路悬索大桥——石棉大桥，桥的南面是 108 国道和石棉县城。在靠县城侧的桥头，岩石上还保留着《修建川滇西路大渡河悬索桥工记》和《大渡河钢索悬桥落成记》，两碑共用 6 块 0.6 米宽、1.2 米高的青石篆刻而成。

1938 年，随着抗日战争形势的变化，国民政府迁都重庆。武汉、广州沦陷，铁路、海运被切断，援华的物资只能改由缅甸进口，经滇缅公路内运。1938 年 9 月，国民政府在重庆召开全国公路水运交通会议，制订了配合战局的两年公路试建计划。将乐西公路、西祥公路列为川滇西路，作为运输救援物资的捷径。因为川滇西路一旦修通，就可以连接滇缅公路，比从川滇东路到成都近了 295 千米。

1942 年石棉大桥竣工，为抗日战争转运战备物资起到重大作用，成为乐西公路与滇缅公路相连接的主要桥梁，也是当时我国第二大公路悬索大桥，建造技术达到了国际先进水平。这座桥在解放战争中也成了兵家必争之地，20 世纪 50 年代以前，悬索桥桥面是木质的，现在的桥面是重新修复的，不过桥上的钢索一直没有更换过。

五、主题故事

十七勇士强渡大渡河

1935 年 5 月 24 日，中央红军第一军团第一师第一团在先遣部队司令员刘伯承、政委聂荣臻的率领下，成功夜袭安顺场。

由于大渡河正值洪水暴涨，水流湍急，渡口河面宽 30 多米，对面又有敌军防守，为了确保红军主力顺利渡河，先遣部队决定组织一支极其精悍的奋勇队，乘坐缴获的一只渡船强渡过河，夺取敌军工事。

渡河前，孙继先准备在二连挑选 16 人组成渡河奋勇队。战士们得知要组织奋勇队，个个争先恐后地报名参加，这些英雄的战士们不怕牺牲，不怕艰难。当他念完 16 个人的名字后，突然"哇"的一声，一个小战士从队伍里冲出来，他一边哭，一边嚷着："我也去，我一定要去！"杨得志仔细一看，原来是年仅 17 岁的二连通讯员陈万清，他是遵义会议后参军的新同志，入伍还不到半年。杨得志心中默念，多好的同志啊！最后同意陈万清加入到奋勇队，陈万清破涕为笑，急忙飞奔到了 16 个人的队伍中，一支英雄的渡河奋勇队就这样组成了。

当黎明即将出现时，总会与黑暗和恐惧短兵相接，红军战士冒着生命危险穿越枪林弹雨，迎接晨曦。5 月 25 日清晨，雨过天晴，瓦蓝色的天空缀着朵朵白云，被雨水冲刷过的悬崖峭壁更显得峥嵘高大。刘伯承、聂荣臻亲临前沿阵地指挥。以红一团第一营二连连长熊尚林为队长的 17 名勇士组成渡河奋勇队。

"战斗开始！"红一团团长杨得志一声令下，熊尚林等十七勇士上了船。在嘹亮的军号声和口号声中，十七勇士和帅仕高等八名船工劈波斩浪，迎着敌人密集的枪弹一颠一簸地向对岸冲去。几十挺重机枪一

起向对岸敌人射击，红一军团炮兵营的3门八二迫击炮也昂首指向河北的敌人。敌人集中火力向小船射击，一发炮弹打在船边，掀起冲天水柱，浪花飞溅，小船剧烈地晃荡起来。司号员惊呆了，号声突然停住。这时，肖华从司号员手中抢过军号，挺起胸膛，吹起冲锋号。正当勇士们快接近敌碉堡时，敌人又从工事中涌出来，进行反冲锋。

在这千钧一发之际，杨得志果断命令神炮手赵章成："给我轰！"两发炮弹把敌人炸得落花流水，仓皇而逃。趁敌人火力减弱，小船又向对岸冲去……

十七勇士战胜了惊涛骇浪，冲过了敌人的重重火网，终于登上了对岸。敌人见红军冲上岸滩，便往下甩手榴弹。智勇双全的勇士们利用又高又陡的台阶死角作掩护，沿台阶向上猛烈冲杀。在南岸火力的支援下，勇士们击退了川军的反扑，控制了渡口，后续部队及时渡河增援，一举击溃川军一个营，巩固了渡河点。随后，红一师和干部团由此渡过大渡河。红军强渡大渡河的成功，打破了蒋介石要朱毛做石达开第二的美梦，为红军北上开辟了通道，在中国革命战争史上写下了光辉的一页。

六、景点链接

栗子坪（孟获城公益海）生态旅游度假区

栗子坪（孟获城公益海）生态旅游度假区相传为诸葛亮七擒孟获之地，距石棉县城52千米，有西部海拔最适中、规模最大、最易到达的高山生态草甸，有因高山特殊生态环境形成的带有神秘传说的奇特景观——红石滩，有集原始森林、天然温泉为一体的公益海，

有宁静而致远的月亮湖。栗子坪（孟获城公益海）生态旅游度假区是中国大熊猫放归之乡，全球首例野生大熊猫易地放归地、中国首个大熊猫野化放归基地，年平均气温 17℃，冬春干旱无严寒，夏秋多雨无酷热。是森林浴、阳光浴、温泉浴、娱乐、科学、探险、休闲度假、摄影之最佳胜地。

田湾河风景区

　　田湾河风景区位于"蜀山之王"贡嘎山南坡，距石棉县城55千米，景区面积290平方千米，10余座海拔5 000米以上的山峰终年积雪，白雪皑皑，"日照金山"分外壮观。田湾河是贡嘎山最大河流，气势宏大，各支流交汇处怪石嶙峋，危岩耸峙，峡谷幽深，峰天相接，还有被誉为西南第一温泉的大热水，富含60多种对人体有益的微量元素。景区海拔为800~5 000米，形成垂直高差分明的气候带，构成丰富的自然分带景观，从亚热带常绿阔叶林带至永久冰雪带，生物资源十分丰富。春来鸟语花放香，秋至红叶缀满山，冰川登山可探险，湖边温泉好休闲，是集原始森林、珍禽异兽、高山湖泊、独特高山冰川、温泉资源为一体的休闲旅游胜地。

王岗坪国际生态旅游度假区

　　"蜀山之王"贡嘎山主峰的最佳观景平台——王岗坪，位于石棉县王岗坪彝族藏族乡，距石棉县城 70 千米，依托 217 省道，连接 318 国道，对接雅康立体交通体系，连接成渝攀西地区，距雅安、康定、乐山车程约 1.5 小时，距西昌车程约 2 小时，距成都、宜宾、自贡车程 3~4 小时。在川藏茶马古道上，曾是汉代雅州第一"省会"——沈黎郡旧址（后为牦牛县县治地）。这里是距离贡嘎雪山最近的观景点，是与云瀑星空最亲昵的地方，常年可观日照金山、云海、云瀑……这里生态环境良好，高山草甸、原始森林与贡嘎雪山交相辉映，构成自然迷人景色。这里四季分明，春观杜鹃、夏游牧场、秋赏彩林、冬玩白雪，是四季具有核心吸引视觉系统的旅游胜地，是具有滑雪戏雪、山地运动、养生度假、牧场观光四大功能的国际生态旅游度假区，摄影家和自驾游客的天堂。

蟹螺藏乡堡子

蟹螺藏乡堡子 2012 年入选首批"中国传统村落"，为中国首部深入挖掘尔苏藏族文化的故事影片《觉里曼姆》的拍摄地。该地距石棉县城 18 千米，居住在这里的尔苏藏族、木雅藏族两个支系充满神秘，被外界专家、学者称为我国西部民族文化走廊的"活化石"。

历史学家、民族学家研究认为，尔苏藏族属于历史上西夏时期党项羌的后裔，南迁后进入康巴藏族地区，在宗教上皈依藏传佛教。经过千百年历史的洗礼，尔苏藏族现在的文化里有藏族的根基、羌族的影子，是我国藏族人口较少的一个分支。尔苏语属汉藏语系藏缅语族的羌语支。

木雅藏族主要住在乡境内猛种村、俄足村。他们的宗教信仰以本教为主，丧葬习俗和婚恋习俗开始发生改变，主要以学习汉族习俗为主。语言为木雅语东部方言，属汉藏语系藏缅语族的羌语支。松林河以北居

住着说"木雅语"的木雅藏族，现聚居区木雅语比较流行，大多数木雅人能比较流利使用木雅语对话。木雅人也有自己的服饰，节日时必穿民族服装，妇女不管是在平时劳作或是节日时都穿本民族服装。

百年碉楼是蟹螺藏乡堡子的标志性建筑。图画经书是全国唯一的两种图画文字（也可称为象形文字）书籍，是现今尔苏、木雅原生态文化的又一体现。每年农历冬月十五为木雅藏族晒佛的日子，农历八月十五为尔苏藏族一年一度的环山鸡节。目前，环山鸡节被列为四川省首批非物质文化遗产名录。

七、旅游线路

旅游线路建议

九（龙）石（棉）公路：石棉县城（翼王亭）—安顺场中央红军强渡大渡河渡口遗址—先锋松林地藏堡—蟹螺藏乡堡子—返程

S217 线：石棉县城（翼王亭）—龙头石库景区—大岗山库景区—田湾河风景区—草科温泉小镇—返程

S217 线：石棉县城（翼王亭）—龙头石库景区—大岗山库景区—王岗坪国际生态旅游度假区—挖（角）丰（乐）公路—丰乐集镇—京昆高速汉源段进出口站

G108 线：石棉县城（翼王亭）—公益海景区—京昆高速钢架大桥（锅底凼）—月亮湖—孟获城景区—西昌

G5 京昆高速：石棉县城（翼王亭）—京昆高速石棉进出口站—栗子坪进出口站—孟获城景区—西昌

八、美食特产

石棉烧烤

香气逼人、味道巴适的石棉烧烤素有"天下第一烧"美誉，是全国烧烤十强冠军，是汉、藏、彝、羌、蒙古等民族在长期共存、融合发展的过程中形成的饮食文化，是烧烤界派系中的另一种表达，是视觉系烧烤的代表。石棉烧烤荤素皆烤，其特点是抹味入料，现做现烤现吃，伴着店家独自配制的蘸料，在美酒和歌声中，铁板烧烤、锅盖烧烤、串串烧烤、石板烧烤、火盆烧烤、网烧烤……一定让你久久不能忘怀。

石棉黄果柑

黄果柑俗名青果，是橘和橙自然杂交而成，具有橘和橙的优良特征，是我国拥有自主知识产权的杂柑品种，距今有近300年的种植历史。石棉黄果柑果实纯天然，具有花果同树，极晚熟、丰产、皮薄、无核或少核，甜酸适度，易剥皮分瓣，肉质细嫩、化渣多汁，维生素A、C含量丰富的特点。

黄果柑在石棉县的种植规模、产量和质量均已居全国黄果柑产区之首，是名副其实的"中国黄果柑生产第一县"。通过积极申报，石棉黄果柑已获得"国家农产品地理标志保护登记"和"国家农产品地理标志（原产地）证明商标"。2017年，石棉黄果柑被评为全国"名、优、特、新"农产品，进入中国农产品名录库。

石棉枇杷

石棉县是世界枇杷栽植培种的原产地，野生枇杷资源丰富，是优质枇杷生产的最适宜区。石棉枇杷栽培历史悠久，现在依然保留800年生的古树1棵，100年以上的古树150多棵。石棉枇杷果实大，果皮橙黄色，果粉多，果锈少，皮薄，极易剥皮，果肉厚、汁多、细嫩、风味浓郁，可食率高，是枇杷中的上品。2011年获得"国家农产品地理标志保护登记"，2013年获得"国家农产品地理标志（原产地）证明商标"。

石棉草科鸡

草科鸡是我国地方优良品种，体型浑圆、体质结实；头部清秀、较短，耳呈圆形、红色；羽毛多为黑色，梳羽、蓑羽多为红色，富有光泽。草科鸡肉蛋产品营养丰富、肉质细嫩、味道鲜美，可药用滋补。

石棉草科鸡通过申报取得"国家农产品地理标志（原产地）证明商标"。

冷鲜草科鸡取得绿色食品、2008国际质量管理体系等认证，"CAOKEJI草科鸡"商标取得四川省著名商标称号。

石棉八月瓜

石棉八月瓜又名三叶木通，常绿木质藤本，果肉味道甜美，其果肉富含有机酸、糖分、蛋白质和微量元素。石棉八月瓜生长于海拔900~2 000 米的林地，全县种植面积达 10 万亩左右，有大约 5 个品种，其根、枝、叶均可入药，具有行气活血、消炎利水的功效。

石棉红军餐

石棉红军餐主要是红米饭、蒸红薯、糯米糍粑、南瓜汤、黄豆汤、干辣椒、山野菜、秋茄子等。红军餐的三大主角红米饭、南瓜汤和秋茄子，正好代表了红色、黄色和紫色这三大类颜色的食物，营养搭配比较丰富。基本用野生植物的叶和根为原料，辅以时下人们乐意接受的烹调手法，引用红军文化制作红军餐是餐饮文化的一种新体验。

九、住宿推荐

1. 石棉温泉大酒店

　　地　　址：石棉县新棉街道电力路一段

　　电　　话：0835-8863666

2. 同和酒店

　　地　　址：石棉县新棉街道滨河路三段

　　电　　话：0835-8667777

3. 大渡河酒店

　　地　　址：石棉县新棉街道滨河路二段

　　电　　话：0835-8856888

4. 紫霄宾馆

　　地　　址：石棉县新棉街道人民路三段

　　电　　话：0835-8862686

5. 长征梦酒店

　　地　　址：石棉县新棉街道长征路二段

　　电　　话：0835-8885888

6. 江源酒店

  地 址：石棉县新棉街道向阳 5 组（石棉高速公路出口处）

  电 话：0835-8872888

7. 梦乡客栈

  地 址：石棉县安顺场镇九安路（邮政储蓄后面）

  电 话：0835-6201288

8. 维仕登大酒店

  地 址：石棉县新棉街道河北路一段

  电 话：0835-8880999

9. 神龙温泉度假酒店

  地 址：石棉县草科藏族乡草科村

  电 话：0835-8875555

10. 两江精品酒店

  地 址：石棉县新棉街道东风路三段

  电 话：0835-8872777

后　记

　　《雅安市红色旅游指南》是一本介绍雅安市红色旅游景点的工具书，集中收录了雅安市范围内关于中国工农红军一、四方面军长征在雅安，"5·12"汶川特大地震、"4·20"芦山强烈地震等方面的重要遗址遗迹和相关纪念设施等红色旅游景点。该书的特点是在为读者推介雅安市红色旅游景点和精品旅游路线时，注重将红色旅游景点和周边优美的自然风光，独具雅安特色的汉文化、茶文化、大熊猫文化、少数民族文化等历史人文旅游资源进行有机链接，并适时推荐了一些当地的美食特产，力求把雅安旅游资源完整地呈现给读者，让读者在参观红色景点的同时，也能欣赏到周边的自然美景和历史文化古迹，既呈现红色旅游"寓教于游"的特征，也具备一般旅游的"吃、住、行、游、购、娱"的基本功能。

　　中共雅安市委积极将红色文化、红色旅游融入雅安绿色发展示范市建设，市委常委、组织部部长卿刚对本书编纂非常关心，多次作出指示和要求。中共雅安市委党史研究室主任魏涛主持本书的编纂出版工作，一级调研员师伟负责总纂和编审工作，副主任蓝志斌对书稿认真审阅并提出了宝贵的修改意见，宣传教育科科长黄焱、地情资料科副科长陈怡负责本书的组织、联络、协调和编纂工作，各县（区）党史和地方志工作部门提供了大量的基础材料和图片，市文化体育和旅游局为本书编纂提供了帮助。在此，谨向所有为本书编纂出版给予支持帮助的同志表示最诚挚的谢意！

　　在本书编纂中，我们力争做到内容全面、准确，但受客观因素影响，特别是旅游资讯变化快，本书所涉及的食宿交通等信息仅具参考价值。加之编者水平有限，书中难免存在不尽如人意之处，祈请广大读者批评指正。

编　者
2021 年 7 月